多空交易日誌

Bull & Bear Trading Diary

邱逸愷 著

序

　　其實，我原本對邱逸愷的認識不深，是因為他來敝公司任職才有了開始。沒想到這位年青小夥子還沒來上班反而就先給了我一份工作為他的新書寫序。對我而言，這種情況在過去的二十三年股市生涯中從未有過，但站在鼓勵年青人出人頭地的立場，我欣然接受了重任。

　　過去以來，無論是在我的書中，還是在演講中，我都一再強調：想要在股市中一展身手，你必須要先有一身功夫，也就是說，每一個人都應具備獨門的投資技巧，才能在變化萬千的股市中先求防身，繼而過關斬將。以我過去在華爾街的美林證券公司為例，公司中的投資顧問個個身懷絕技，有人重基本面，有人重線型圖，有人喜歡計算進出籌碼，也有人運用統計數字，總之，沒有兩把刷子的人是很難在股市中生存的。

　　看完邱逸愷的大作後，立即得知，他的最大專長是在線型圖上。顯然，他由過去一張又一張的股價走勢圖中發現了買賣的最佳時機。以進場為例，邱先生認為，除非是出現了理想的買點，否則沒有理由隨便去提早進場，浪費寶貴的光陰。就如同在書中所說「讓市場自行表態，絕對比盲目或擅自預設立場來得紮實」，而每一支個股都在圖型中會清楚的表態，投資人只要順勢做就好了。這種說法充份吻合了我以往一直堅持『股票會說話』的論點。我的意思是，股票也有它的語言，我們或許聽不懂，但是可以藉由價與量的變化來了解它的肢體語言！

　　最後，我又要建議投資朋友，在股市中多看書絕對是培養自己功夫的最佳途徑，好好的看完本書，就可以把邱逸愷多年來所苦心研究的心得一下子全部據為己有了，不是嗎？祝福大家！

立陽證券投資顧問公司總經理　胡立陽

「股票市場裡，百分之八十的人是輸家」這句話，乃放諸四海皆準的不變定律，又有人說「只要看得準、下手狠，出場穩，無論做多做空都能賺錢」。最近幾年，全球各地的網路股所以傲視群雄，並非這些股票的本益比或本利比多高，也不在於公司的營運績效如何出類拔萃，而是它們讓股票投資人擁有了無限美好的夢想與期待。

　　無可諱言的，股票投資之路再迷人，伴隨而來的不確定性和挑戰性，卻讓人無時無刻不提心吊膽。怎樣方可多、空兩頭賺，怎樣才能準、狠、穩，而成為百分之二十的贏家，絕非單憑運氣或仰賴明牌。

　　孫子兵法有云:「多算勝，少算不勝」，(多空交易日誌)一書，從價量關係角度切入，並配合投資大眾心理剖析，運用各種圖表詳加解說其間漲跌原委，投資者倘能藉此鑽研出玄機，或便可從中殺出血路，登上光明頂，摘取勝利的果實。

經濟日報總經理　　楊彥邦

學會在股市「捕魚」的方法

　　近三十年來，不斷被投資人問及，「這支股票怎麼樣?」「我在這支飆股上被甩掉了，該怎麼辦?」「我想買，卻跑掉了，可以追嗎?」每次聽到這些問題，我內心的反應是「基本觀念不夠」，但要怎麼教呢? 告訴了他這一次該怎麼辦，下一次必定還是問同樣的問題; 所以，長久以來我對股市投資人的觀念，一定是「教他們捕魚的方法，而不給他們魚吃」。

　　當逸愷兄將他這本「多空交易日誌」的稿子交到我手裡，開始時我雖只是大致的翻閱，因為坊間像這一類技術分析的書實在太多了，但對其中的一兩篇稍作詳細閱讀時，發現逸愷兄年紀輕輕，但技術操作的基本概念卻非常的「實務」，他提出的很多概念，也就是真正的個人投資家，該具備的基本操作認知。

　　譬如: 他提到「買漲不買跌」的觀念，光是這一點，就有很多有個幾年經驗的專業從業人員都搞不清楚，雖然看起來是很簡單的觀念，可是很多久經市場的投資人都忽略了。

　　這可能也是近幾年來市場流行「基本面」的結果，大家只看基本面，而忽視了股價在統計上衍生出來的一些契機，這些契機往往只要有正確的操作觀念，一樣可以獲致厚利，而且可以比基本分析派，更能充分的掌握住資金的運用效率。

　　基本分析是選股之始，但操作上，對時點的掌握卻要靠技術分析，尤其在基本分析與技術分析之外，最難克服的是「自我個性」，所以，很多操作高手，往往就利用「技術分析」的研判與規畫，來彌補自己個性上的缺失，才不致使自己在該出手時猶豫不決，在不該買進時貿然進場。

　　逸愷兄的「多空交易日誌」，是以實際股票的起落紀錄，用技術分析與操作的原理，予以規畫並作實戰運用的解說，雖然有很多人會認為那是「馬後炮」，但讀者面對像這樣的「經驗規劃」，千萬別就輕

易的以「馬後炮」的觀點，而忽視了他的「經驗法則」。

　　技術分析的現論中，為什麼會有「型態學」，也就是因為形成股價的「人心」是不變的，以致才會不斷重覆出現像頭肩頂、M頭、W底、頭肩底、上升楔型、下降楔型、旗型、菱型、三角型等等；所以，根據這些會不斷重複出現的技術現象，而予以「操作規畫」，那就是掌握進出時點的先機。

　　在幾年前，技術分析流行的年代，技術分析幾乎是人人皆會的「研判工具」，　但近幾年基本分析抬頭，技術分析相對沒落了，可是，如果懂得將技術分析的原理，運用到技術操作上，想必然會是股市的真正贏家，而逸愷兄這本大作，相信會讓讀這本書的朋友，步向真正的贏家之途。

　　在此謹祝逸愷兄這本「多空交易日誌」暢銷，並因而可以讓更多的投資人，學會在股市「捕魚的方法」。

八十九年二月十四日寫於台北

非凡衛星電視台總策劃　金淼

股票市場有三種人穩賺錢，第一種人———頭殼尖尖，命中帶財庫，買進即起漲，賣出即起跌，時間點掌握的神乎奇技，更妙的是這種人，從來不看基本面，不聽消息面，更不懂技術面，操作靠靈感，買賣靠運氣，連專家都跌破眼鏡，您是這種人嗎？ 不妨自己伸手摸摸頭便知曉，如果不是的話，繼續往下看。

　　第二種人---認識主力大股東，有內線消息。上市公司賺不賺錢，誰最清楚，當然是業內最清楚，重大利多利空消息未發佈前，誰最清楚，當然是大股東最清楚，主力欲買進賣出那一檔股票，如果您事先已知，提早上下車，好像不獲利都很難。有認識主力大股東嗎？ 看起來不是那麼容易，如果無一認識的話，再繼續往下看。

　　第三種人---懂一點基本技術分析，有一套電腦軟體當幫手，其實所謂的基本技術分析並不太難，且為每一位進入股票市場的投資人必備的基本常識，其中最重要的一項技術即是量價關係的判斷與壓力支撐的設法，每一次買進賣出訊號的浮現，如果能充分掌握，那麼進出節奏將會趨於明朗，投資信心將大增。

　　本書作者以實例附圖解說，深入淺出，為一本不可多得的好書，對於現階段操作失敗的投資朋友，應細細閱賞，若能吸取其中精華，必然"錢"途無量。本人歷經全省二百多場投資技術分析演講心得，在此獻給投資大眾以下肺腑之言。

　　　　　　　　投資一百萬進入股市，一年後…
　　　　　　　　拿回七、八十萬算正常，
　　　　　　　　拿回九十萬算及格，
　　　　　　　　拿回一百萬算優等生，
　　　　　　　　拿回一百萬以上，一定是用心、清醒、不貪的人。

　　　　　　　大時科技股份有限公司
　　　　　　　轟天雷股票分析系統 副總經理　　傅吾豪

自序

　　股票分析方法何其多，台灣投資人所投入的用心程度也令人欽佩，但整體而言能真正獲利者，總僅是一小部份人而已，這是常態，未來也將是如此，為什麼呢？原因當然很多，本書中會一一為讀者說明。本書著重在引導大家超越、擊敗其他九成投資人（包含法人機構）的操作方法，不單純只是追求報酬率而已，你將發現操作技術其實也是一種藝術表演。

　　坊間絕大多數的分析工具都傾向做「預測」，從基本分析中盈餘的估算、本益比、到技術分析中如波浪理論，甘氏角理論等都是純粹的預測，即然是預測，就會有所誤差，再者，注意這個字眼「預測」，其並非定律，故運用程度有一定的限制，許多似是而非的觀念套在投資人身上，會造成不流暢的操作，也帶來平庸的操作績效。

　　我們暫且將指數擬人化，在任何時期不論多空，「他」的方向永遠是正確的，也是所有專家追隨的方向，偏偏坊間的投資工具不斷教導我們要去預測他的方向、高低點，這無疑是對市場最大的不敬，也未免自不量力，和一個永遠不會失誤的對手比賽。試想，股價高低點是由眾多市場參與者的買賣行為所造就出來的，如何能夠預測？筆者喜用「推測」取代「預測」，簡單地說，就是用已發生的事實、量價表現，來推測股價的運動方向。

　　本書內容將一如序言般地儘求精簡，文字中蘊含了無數偉大的市場真理以及深入淺出的圖例解析，絕對能夠有效提升投資人的操作績效。

目錄

第一章
掌握最有效率的進場點

要買90元的台積電，而不買80元時的台積電

要專注於交易本身，而非計算過程中的損益

　　這種作法必須再加上一個前提：趨勢向上。在股價的運動過程中，可定位為向上的多頭走勢，向下運動的空頭走勢，及許多沒有太大意義，也沒有太大操作空間的整理走勢，扣除整理期的碎波，一年之中每檔個股出現有意義的買進或賣出訊號所剩無多，提升報酬率的要點之一：**培養在關鍵時機出手的靈敏度和決斷力，並避開無意義的整理盤整期，每一分錢都放在最具獲利潛能的部位上，不論多空的操作皆然。**

　　股價走強的最根本原因就是買盤的力量強過賣盤，而眾人買進的原因各有不同，買進的原因可以是不同，但動作卻都是一致的，就是買進，這點會十分忠實地顯現在量與價的關係上，有時你並不曉得某一股有何利多的訊息，但股價卻持續走強，之後利多消息開始在市場上傳開，這都是常態，而本章所訴求的，就是搜尋經確認過的買進訊號，一個安全而潛在獲利高的買點。

　　以台積電為例：

該股自87年除權後，股價一直在60~90元間整理，事後觀之當時正在做擴底的橫向整理，但請注意一點，能夠將之前的走勢定義成是底部，是靠圖A處的長紅棒做突破，有了攻擊形態的出現，回過頭來看才能將過去的走勢做打底的認定，其中的關鍵出現在88年3月12日收週線，當週週線收盤價收91.5元為近一年來之最高價，其所代表的意義：

　　1.多空雙方的角力得到明確的方向，意就是買方的力量必然夠強才能消化潛在的賣盤，尤其是以週的收盤價做觀察。

　　2.即然股價創新高，代表87年除權後的買進者，手中沒有任何一張套牢的籌碼，因此自然就不會有解套的賣壓出現，突破之後攻勢凌厲，由90～120元處僅花了四週的時間，投資人或許會納悶因為長期以來投資人接觸的論點都是逢低承接，在低檔區買進等等的論調，那又為何在70、80元處不買而要等到漲到90

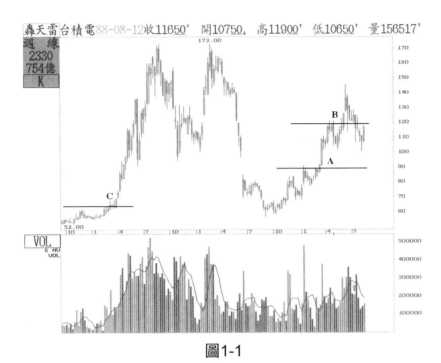

圖1-1

1.A、B、C三點，關鍵價格突破立即大漲。

2.學習買在最有效率的時點是追求卓越報酬率的第一步。

3.A、C兩點突破前的打底屬於較無義的走勢，過早進場則耗去太多的時間成本。

4.B點的突破屬於多頭走勢過程中的再次突破，價格已被拉開，此時介入的風險較高，因此投入的部位不宜過大。

元處才買？簡單來說就是要等股價先表態，等到價格能夠克服關鍵的技術價位，就代表另一波走勢的展開，這通常也是上漲速度最快的一段，此時投入的資金能夠發揮最大的利用效果。

以本例來論：

　　1.在A點突破90元之前，雖然很多投資人早在90、80，甚至60元處就買進，但多數都屬短打性質，能夠參與整段走勢的人不多。

　　2.再者，90元以下所耗的整理時間太長，將近一年，與其長時間持有該多頭部位，將會失去其他個股更有獲利機會的交易，等到出現買進訊號再買進(A點處)，將會在最短時間內搾取到最大的利潤空間，免去許多不必要的資金時間成本。

　　3.同樣的，B點突破120元，及86年3月突破60元的C點，都是相同的道理，其突破前的整理時間越長，所隱含潛在的上漲空間也越大。

　　在看一例86年3月聯電的起漲模式：

股價在突破L1之前，歷經了將近一年的整理走勢，在此之所以稱做為整理而非打底，乃是因為在尚未能攻過L1前，都僅能定位成整理而已，要在整理格局被突破後，回過頭來看才能定義其之前的走勢為打底。

　　股價突破L1的壓力之後，股價以約兩個月的時間，從40元附近推升到70元處，漲幅達75%，此後進行八週的震盪後，再度突破該整理區的上緣L2，同樣的，突破後的上漲速度是最快的，以約八週的時間將股價推升到除權前高點175元。

　　從起漲至高點的出現歷時約半年的時間，當中股價自40元處上漲至175元高點，在這段迷人的獲利空間中，只要掌握突破的買點(A、B兩點)，就能以最省力，最經濟的方法適時切入，輕鬆獲利。

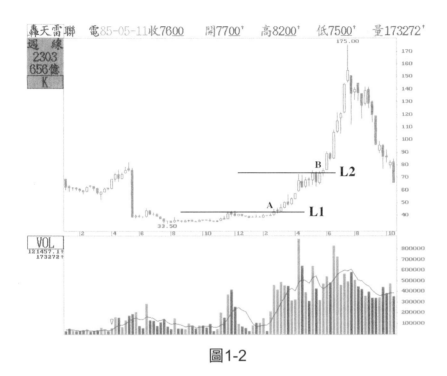

圖1-2

1.L1尚未突破之前,股價進行了長達一年的整理,在此可定義為較無意義的走勢,因為多空都不具有太大的操作空間。

2.若強調佈局的作法,以積極性的口吻來說,就是掌握不到起漲點,才須要大費週章地提早買進,如此反而可能在正式起漲後不久,就賣在初升段,因為實在耗太久了,在些許利潤的誘惑下很容易就提早賣出。

3.事實上是無法知道,也不需知道何時起漲,因為只要一開始起漲,就會有像A、B兩點這種突破訊號的出現,股價突破創新高表態後,才是最省力的切入點,搭順風車當然是省力得多了,最不費力的操作通常也是獲利最高的操作。

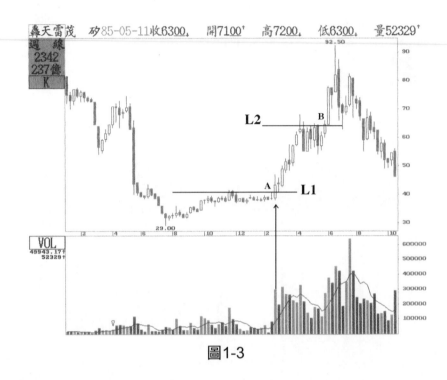

圖1-3

1.藉由A點的突破，帶領股價脫離大型的整理區，加上成交量同時使表態，使得突破更具意義。

2.此時股價即然有能力創新高，必然是買盤增強的原故，才有能力消化一定程度的賣方力量，因此在突破時不應以當時拉開後的價格過高而猶豫買進，反而要視為是起漲的確認，尤其是低檔區的突破。

3.藉由這種積極的操作模式，可以在任何個股的起漲點切入，隨時將資金配置在最具上漲動能、空間的個股身上。

　　在此投資人或許納悶：為何不買在L1尚未突破前的更低點？因為當時確立的走勢還未成形，與其進場卡位，不如等市場表態過再介入，就算有十成的把握趨勢向上，那麼先進場買進也還要等待一個發動的時機，如此便喪失資金的使用彈性，除非是專業投資機構有龐大的資金，否則一般散戶投資人應選擇適合自己的策略使用。

　　相同的時光背景，另一檔電子股茂矽也是同樣的上漲模式，L1突破後出現買點A，股價在八週內由40元處上漲至64元附近，漲幅達60％，整理過後再突破L2出現買點B，由64元附近上攻至最高點92.5僅花了三週不到的時間，報酬率達44％。

　　由此觀之，買在好的時間點遠比買在更低價重要，不僅讓每一份資金達到最大的運用效果(一買進股價立刻大漲)，也是買在一個確定的發動點。

善用散戶本身的優勢

　　一般散戶投資人擁有資金運用靈活的優勢，不像機構法人一般有部位過大不易換股的弱點，故隨著盤面中出現有利的交易機會，都可迅速建立部位，雖然等待確立漲勢之後再切入會喪失部分的漲幅，但交易成功的機率大增，同時獲利速度最快，重點是：隨時將資金配置在最有獲利空間、潛在獲利最快的個股上。

　　每次要獲取這種波段的大利潤，都幾乎是出現在這種模式上，88年第二季電子股的大漲，有太多的個股可以做為例證，說明買得早不如買得巧，以下宏科88年5月6日開始的大漲亦然。

　　88年5月7日宏科之週收盤價63元為過去一年來之最高，突破等於是宣誓其脫離了長期以來的大型整理區，股價漲得動必然

是買盤較強,(通常首先介入的必然是內部人士,依照股市食物鏈最後才是散戶),加上當時帶有週成交量40546張的突破確認,歷經過去一年可謂是無意義的走勢,終於在A點表態,45~60元間整理近一年,該股並未提供太大的交易空間,因此必定有很多買單在不斷的盤整過程中不耐出場,或是短線者勤於做差價,而未能在這段大漲真正發動時躬逢其盛,本章所要強調的最佳買點,是在A點出現,也是波段操作者所等待的一個訊號,歷時一年才出現,一買進做多,股價立刻大漲。一出手就要有,才是專業投資人所追求的正字標記,這點和傳統的佈局做法是完全不同的,筆者認為**「佈局」一詞只是因為無法掌握攻擊發動點而使用的代替性用字**,以台股特性來論,投資人真有耐心佈局嗎?法人投資機構因資金龐大,適用性較高,但並不適用於本身具有靈活優勢的散戶身上,散戶投資人應善用本身的優勢,如果採用佈局式的買進只會將自己的優勢轉變為劣勢。

　　先看週線的趨勢,再從日線做實戰的切入,5月6日當日以168120張的大量,配合收長紅A點,正式將股價帶至另一交易區間,蘊釀已久的攻勢正式展開,當時多單的停損設59元,若股價收盤價格維持在59元之上則突破持續有效,換算潛在的風險百分比為4%。

$(61.5-59)\div61.5\fallingdotseq4\%$

　　以如此完整的底部形態,加上完美的量價配合,潛在的利潤　/　風險比絕對有利於多單的交易,此後再隨股價的上揚,往上調升停利點。

　　B點的突破亦然,突破後走勢兇悍無比,但因距離主要的底部區已遠,故加碼者或空手介入者都僅能以較小的資金部位做切入,如此才符合交易風險的要求,本章著重在買進點的切入,後續會有賣出時機與空單進場時機的介紹。

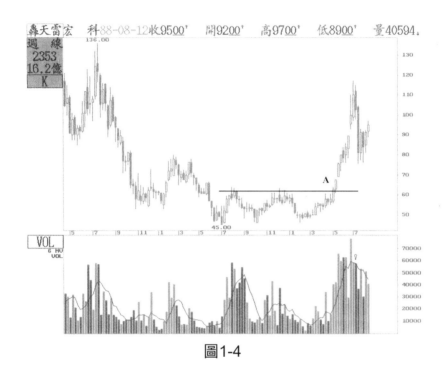

圖1-4

1.A點突破後正式脫離近一年來的整理區間,過去的打底過程是因,但重點只在介入並享有突破後大漲的果。

2.進場買點A並非在最低點,在當時來看反而偏高,但買的是一個確立的點,反觀低檔買進者,多數早因不耐久盤過早賣出。

3.習於短淺操作做差價者也會賣在漲勢之初,之後也不願再以更高價買回(人性弱點之故),同樣失去波段的獲利空間。

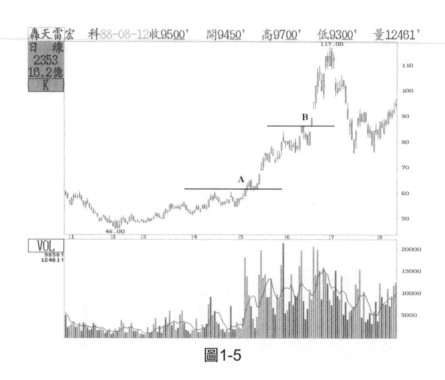

圖1-5

1.由日線圖看細部的分解。

2.漫長的打底整理過程是難熬的，低檔區的買進者看到A點的價位時，若無法抗拒小幅獲利的誘惑，就會失去後續大漲的利潤。

3.不幸的是，多數人的操作心態是如此，是故買得早不如買得巧。

再一次的沙盤推演

　　同時期的華碩也是相同的模式，88年4月12日收309元，量價俱揚標準的攻擊突破，收盤價創87年除權以來的最高點，前波高點B區的買進者，被套牢四個月後，除長線買盤外，多數都忙著解套出場，這是人性使然，也是操作上人性的弱點，通常股價能夠在曾套牢一成以上，而後又能讓你解套，買方力量必然十分強勁，才能有效再次推升股價，但就如同前面所述，多數人未能在兇猛的漲勢開始時躬逢其盛。

　　交易心態可解析如下：

　　1.觀望者會認為309元(當時創新高)的價位太高了，而等待拉回的買進點，但往往拉回後猶豫再三，失去了進場的時機。

　　2.解套賣出者會更不容易說服自己在賣出後，用更高的價格再買回。

　　一般來論，多數人傾向計較進場價，不願進場追逐，而會導致進場追價的情況，通常是行情已發展至末段，因實在受不了行情的誘惑按奈不住進場追買，結果又買在高檔區，**漲升之初持游疑的心態遲未進場，導致日後的追高，一直是高檔套牢的主因。**

　　依照本章節的交易方法，攻上309元代表多頭走勢的展開，是絕佳的買點，事後也証明突破後的上漲速率最快，有時投資人要以旁觀者的立場來看待股價的變化，選擇在一個有意義的時點進場，否則隨時持有部位，隨勢沉浮，主控權並不在你手上，不但限制住換股的靈活程度，同時也失去了資金的時間成本，本例突破前的走勢即是一例。

　　價格的高低是買賣雙方較勁的結果，配合成交量觀察，更明確指出多空力道的真實強弱，在低檔區帶量過關克服壓力區，

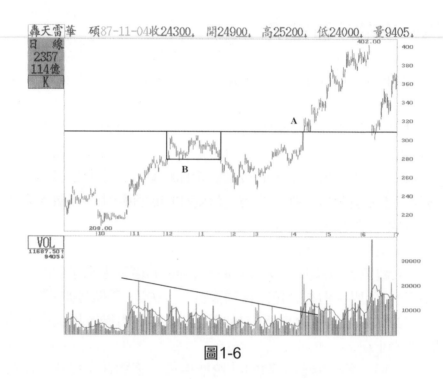

圖1-6

1.87年12月～88年1月股價在280~300元間震盪時，吸引許多避險的買盤（B區），但當時並無任何買進的訊號出現。

2.其後有部份在88年2、3月間停損賣出，之後股價在回升至成本區（B區）後，有更多抱著「不賠就好」的賣盤出現，原因就是之前曾被套牢過。

3.若耐心等待買進訊號A點出現再介入，就是掌握了最有效率的買點。

4.本例量價同時表態，其勢更為確立。

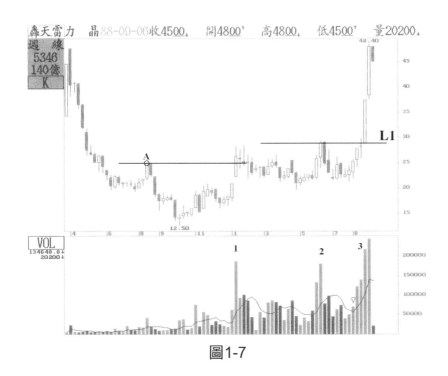

圖1-7

1.在突破A點時，事實上就已經確認是止跌的訊號，但未必立刻就能大漲，通常這種股本大的個股，需要更長的時間來醞釀攻擊，也就是整理的時間會較長。

2.在Ｌ1正式突破前，已經歷經1、2兩波的攻擊醞釀，而在第3波時量能達到最密集，代表突破後衝刺的力量越強。

3.另一方面股價經過長時間的整理，因此浮動不安的籌碼也相對減少，潛在阻力較小的情況下也比較容易造就股價的大漲。

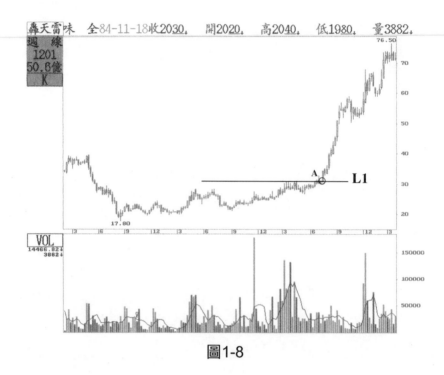

圖1-8

1.「基本面良好」是股價上漲的原動力，這個陳舊的原則必須依
附在一個更強大的原則之下，也就是：要有買盤實際地進場買
進。

2.在86年電子股大漲之際，該股是絕對的冷門，但藉由籌碼的爭
奪使得股價不斷的被推高，尤其這種帶有主力色彩的個股突破時
不一定需要成交量的確認，就能展開攻勢。

3.長達一年的底部在A點突破L1後宣告完成，能拋開基本面迷思
而依循訊號的買進者，都輕易得到極大的報酬，誰說技術分析無
用？重點只在於客觀且彈性地判斷罷了。

必然是有強大的力量在做主導，才能消化潛在的種種賣壓，而專業投資人尋找的也是這種訊號，如此你便不會落入「基本面很好，股價為何不漲？」的迷思中，我們要做的只是觀察股價的走勢，並且**在最有意義的時點進出場，避開混沌的整理期**。

一目了然，屏棄所有傳統迷思

簡單比對彰銀86年~88年8月中旬的週線圖，可以清楚發現股價一直是呈現盤跌的格局，唯一的訊號是88年初以後跌勢減緩，跌勢減緩只是代表有打底的機會而已，真正具有實力的波段攻勢不會在這種沒有寬廣底部的優勢中展開，其間雖然有金融股調降營業稅的利多，但其格局依然無法被扭轉，長期的週線圖早已明白告訴我們趨勢的方向，不應隨消息面的利多影響而躁進。

圖解：

1.下降壓力線L1被突破代表跌勢已趨緩，但是否有效攻擊仍須觀察。

2.要定義為有效的底部完成，週收盤價至少要克服L2的壓力位置，但尚未發生，故多頭的走勢仍只是在醞釀。

3.88年7月間跌破L3的主要支撐區(整理區的下緣)，表示股價又進入另一個區間之中，跌深未必便宜正是這個道理，跌破L3後的三週中，自L3處的44元起算，又跌了近三成的股價，雖然它代表的可能是一個相對的低檔，但卻不是一個最有效率的買進位置，等待形態整理完畢後的突破買點，不僅方向確立，誤判機率小，同時獲利的速度也最快，也正是本章的重點。

再舉營建類股86年中至88年中的走勢做說明，其股價僅有兩種運動模式，一是較無意義的整理走勢，其二是盤跌，股價的

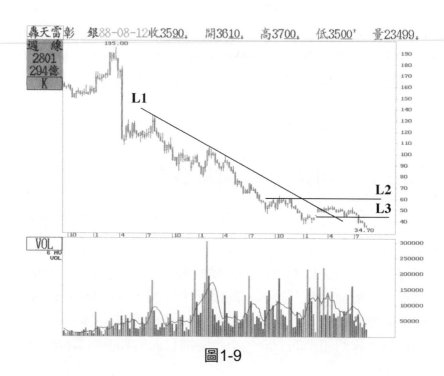

圖1-9

1.操作股票不應有一廂情願的想法,過去的光環未必能夠一直持續,走勢圖及形態最客觀道出了多空的強弱。

2.88年8月中旬前沒有買進的訊號,股價無情地修正,有了圖形的方向你便不會冒然買進身陷其中。

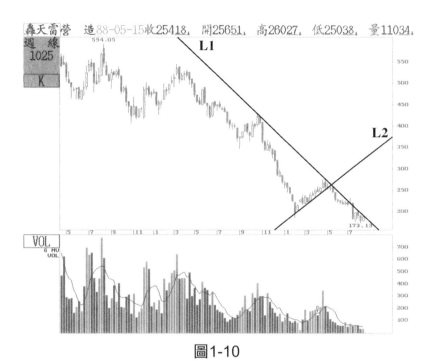

圖1-10

1.跌深未必反彈，低價未必便宜，多少籌碼套在猜測底部的買進行為？

2.人類的買進，賣出行為並非全然理性，故最高、最低點的出現都代表非理性狀態下所做的決策，除非你有超長線的心態，否則不應冒然介入，其大漲前必經過長期的整理，因此不如買在攻擊將起之時，將會省去漫漫打底的等待過程。

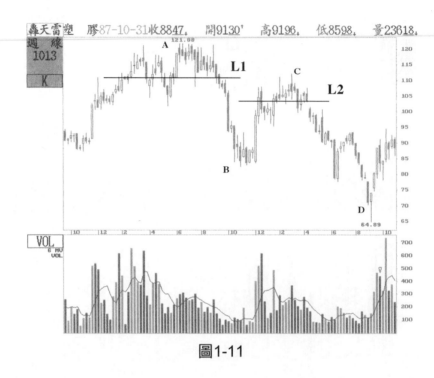

圖1-11

1.長達兩年的週線圖，最有意義的兩個訊號是跌破L1、L2時的賣出訊號。

2.不管市場傳出任何利多的消息，簡單的圖形輕易地可以避開種種的陷阱。

3.A→B、C→D兩個階段中，不做空者至少不會因進場做多而套牢，其中途沒有任何買進訊號。

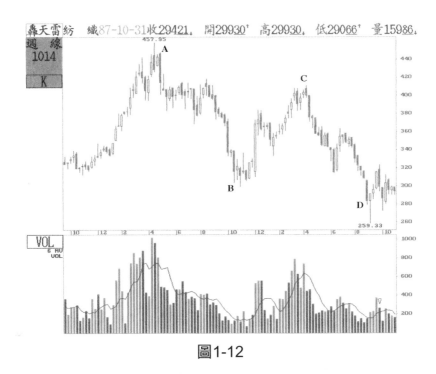

圖1-12

1.A→B、C→D的修正過程中沒有任何的買進訊號，逢低承接
要忍受資金及心理雙重套牢的兩種煎熬。

2.下跌的空頭走勢是無情的，絕對不要以長期投資的說詞來安慰
自己，以國人的投資心態，絕大多數的長期投資是因為被套牢，
不得已才長期投資。

運行一直被壓抑在反壓線L1之下，88年初一度呈現上揚的走勢，但其趨勢發展在L2跌破後，便告失敗，以長線的眼光來評斷，當時也僅是跌深後的反彈走勢而已，不經嚴謹、紮實的打底走勢，就很難提供後續的上漲動能，這點和寬廣的頭部，會累積更大的下跌能量及壓力是一樣的。

在沒有任何有利於你的條件下，就沒有任何進場交易的必要，只選擇在重要時機做重要的交易，否則每天沖殺進進出出就像是在槍林彈雨中一般，遲早會受傷的，本例並沒有出現任何的買進訊號，反觀大家耳熟能詳的觀念「逢低承接」，倘若一路「逢低承接」下來，損失必定慘重，之前提到的彰銀也是相同。

千萬不要認為買突破的點買得貴，而要當成是買一個確立的方向，同時替你省去了反覆整理打底期的過程，**整理期要當一個旁觀者，趨勢成形時就要當趨勢的追隨者，再隨著各類股及個股的強弱變化，將資金配置在其中，保持一個最佳的持股狀態。**

再舉一組實例，讀者可更清楚發現，依循這種交易方法所能提供的更大獲利及空間機率。

87年6月2日，中橡藉由21656張的異常大量，將股價帶到另一個區間，同時突破了長達十個月的整理格局，其後股價由35.8元狂漲至103.5元，展開了87年台股空頭走勢中一段屬個股的多頭華麗走勢，基本面的信奉者不容易參與這段走勢，沒有任何的利多及預期可做為基本分析的買進依據，但簡單藉由量的變化，買方的力量突然增強，變得積極，其必然有潛在性的利多在後，否則這些的買單是來自何方？攻勢剛啟動時當然市場並不曉得背後的原因，**事後媒體始報導是某集團在市場中積極收購其股權之故**，依據之前一再強調的論點，簡單來說，買方力量勝過賣方的力量，就能有效推升股價，**請注意其中的買進判斷並沒有涉及基本面的因素。**

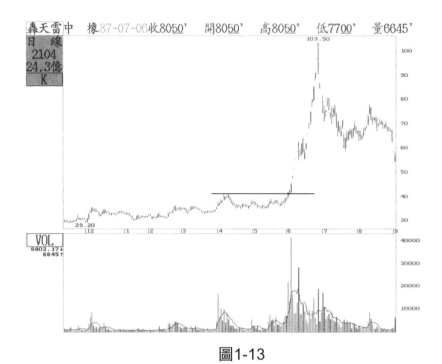

圖1-13

1.在87年的時空背景下，並不會有太多的買盤注意到這類的冷門股，但形態及趨勢的力量道出了多空的消長。

2.事出必有因，圈外人不會是首批買進者。

3.本例依循做多者得到資金及成就感的雙重回饋，股價之所以上漲的最根本原因是因為買盤不斷介入，這牽涉及籌碼的問題，故純粹的基本分析會有這類的盲點。

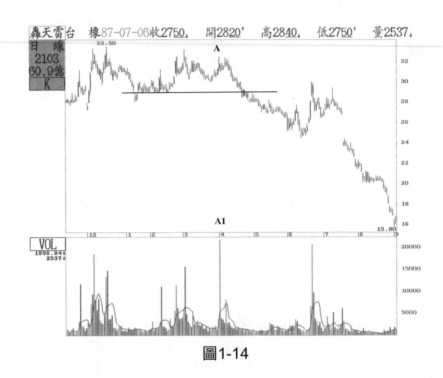

圖1-14

1.無明顯的趨勢可言，隨大盤向下修正是其最可能的行進方向。

2.這類型的走勢出現時，持有多單者選擇賣出是最好的決定，尤其A點出現大量（A1）不攻的疑似出貨訊號。

　　股價能夠上漲說穿了就是有買單持續性地買進，不好聽的說法是炒作，而因為基本面良好而買進的，只是眾多理由之一而已。

　　比對同時期的另一檔同類股台橡，其姿態實在差得太多，K線呈現的是無意義的盤整走勢，沒有任何突破或買進的訊號。

　　K線的形態配合成交量觀察，其變化會透露出一檔個股的強弱，也就是多空雙方孰佔優勢，就好比一個人步行，也可大略感覺出其健康狀況或粗略的心理狀態。

攻守兼具 套利單的操作

　　背景相似的個股，一強一弱則造就出一種近似套利的操作方法，前例同是橡膠類股的中橡及台橡，就是一組標準的套利操作，若類股同步走強，則本身具形態優勢的中橡會強過台橡，若類股同步走弱，則較弱勢的台橡跌幅會大過中橡，答案就是做多中橡，再搭配做空台橡，完成一組套利組合，重點在於在同類股或同背景的個股中找出一強一弱，一多一空，這種模式產生四種結果：

　　1.做多的個股上漲，做空的個股下跌：
形成兩個部位同時獲利，因為經過個股強弱的挑選，其機率大於25%。

　　2.做多的個股上漲，做空的個股也上漲：
形成做多的部位獲利，而做空的部位虧損的情況，但兩檔個股事前經過強弱的分析，故所做多個股的上漲幅度會大於所做空股個股的上漲幅度，結算仍是獲利。

　　3.做多的個股下跌，做空的個股也下跌：

形成做多的部位虧損，而做空的部位獲利，同樣的，經過個股的強弱挑選，故所空的弱勢股其下跌幅度大於強勢股的下跌幅度，結算也仍是獲利。

　　4.做多的個股下跌，做空的個股反而上漲：
這種情形是最壞的狀況，造成兩個部位虧損，但由於事前都經過個股強弱的挑選，故兩邊都失誤的機率小於25%。

　　　　綜合四種情況的結果，每一次都要獲利的機率大於75%，有了高的勝率，再輔以好交易策略，更能夠提高整體的報酬率。

　　　　這種交易模式最適用於保守型的投資人，尤其是在指數盤整期沒有明顯的趨勢時最適用。**但若是多空趨勢明顯時，還是要以單一多頭部位或空頭部位操作才能獲取真正的大利潤。**

　　　　以下續看88年6月下旬的一組交易：
藉由同集團背景的楊鐵與國豐，選擇做多楊鐵，做空國豐。

　　　　楊鐵在88年6月5日當週爆出30877張的大量(A1處)，配合K線收長紅，這種強烈的走強訊號宣告該股的低點已經出現，特定的買盤表現出急欲吃下某一程度持股的心態，才會在短時間內推升股價如此迅速，隔週的週收盤價已攻過上一個密集區的上緣L1，代表是有效的突破，這種市場色彩較為濃厚，及股本小的個股，不需更大量的確認，就有能力迅速推升股價，本例突破後隨即大漲，自L1到最高點88元的區間，短短八個星期股價大漲131%，同樣也是買在最有效的時點—買進立刻大漲。

　　　　另一檔做空的個股國豐，股價自本圖中87年7月高點46元一路下探以來從未出現過真正的買訊，而在L1之上的整理區下緣被跌破後，股價再次從L1處的20元修正至14.5元的低點，許多抱著逢低承接心態或沿路攤平的投資人受到了更大的損失，沒有經過嚴格買進訊號確認的個股，任何的買進行為都是危險的。這檔做空的個股也為該套利組合帶來利潤。

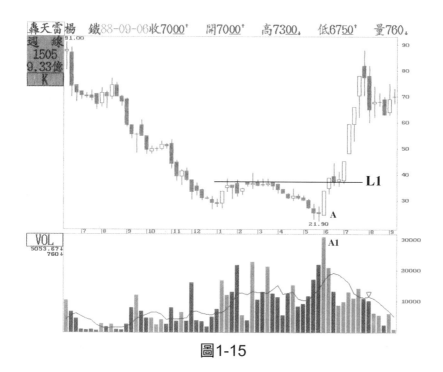

圖1-15

1.技術分析之美在於使操作者能夠客觀地看待行情，藉由形態及量價的變化來衡量多空的強弱，及「其他參與者」的心態，所有的買賣行為都會忠實地呈現在走勢上。

2.這種比較不被認同的個股，在漲升過程中所受的質疑也多，但身為一個交易者，所應重視的是個股在某一時期的多空強弱表現，這才是獲利的來源所在。

3.進一步說，就是要重視價格變動所帶來的交易機會，傳統觀念中「理論價值」的陰影，有時反而會造成操作上的阻礙。

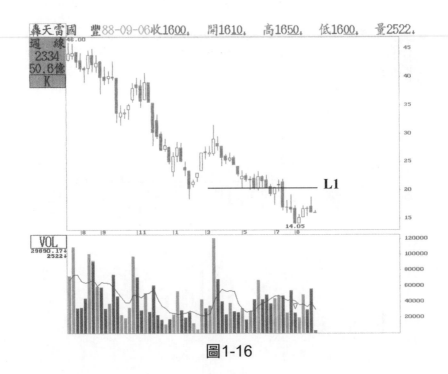

圖1-16

1.在沒有正式突破轉強的訊號出現前，任何跌得再深，本益比再低的個股，都不應列入買進的標的之中。

2.不斷的加碼攤平是造成整體績效不振的最主要原因，可惜的是這也是投資人最容易犯的一項錯誤。

3.該股截至當時為止，一直未有買進訊號的出現，不斷低接總有一天會買在最低點，但見底並不代表立刻能大漲，況且最大的問題是：資金壓力及心理壓力能使投資人撐到那個時候嗎？

　　從上述兩檔個股的操作來做操作心態的探討與剖析：

　　1.一般光會以基本面選股的操作者，就會錯失掉楊鐵的潛在獲利空間，但透過本章一再強調的買進方法，很從容地可以在低檔突破時介入。價格的表現形態顯現出市場的供需及多空的強弱，在同時期，該股幾乎是大盤所有上市股中上漲幅度最大的一檔個股。

　　2.在買進的心態中，一般而言會逃避在初升段中買進，因為股價經過長期的下跌修正走勢，投資人容易陷入一種慣性錯覺，總期望拉回再買進，也因此被軋空手後而進場追價套在高檔。

　　3.以國豐走勢而言，很容易吸引一些低接或攤平的買盤，在一般的買進心態裡，拉回再買總是比較容易令人接受，只是因為便宜而買進，但卻不知低點何時浮現，這種心態及操作方法都是使資金快速縮水的「好」方法，無異是和趨勢過不去。

　　4.克服了最難超越的心理障礙，比較這兩種形態的走勢後，你能夠輕易地分辨買進整理完畢且創新高的楊鐵，而非股價變得更便宜，但還處在下降軌中的國豐了。

第二章
績優股又如何？

打破傳統的投資迷思。

只是單純的買進並持有，是因為缺乏策略所導致

　　一般傳統的觀念總是建議買進績優股長抱，大方向來說是對的，但以追求卓越的投資績效而言，這種作法顯得太過於被動，開創性及機動性也顯得不足，當然這點必須配合個別投資人的個性一併考慮，但話說回來，即然有能力判斷大盤及個股的相對高低檔，有時逢高不做空已經很客氣了，怎可放任手中的股價自高檔滑落？當然是在高檔先行調節，操作積極者再反手做空一趟，等到再一次的買點出現時再行買進，這是屬於操作上的流程。

　　再回到本章的主題：關於績優股的迷思，（本章所指的績優股，除獲利能力佳外，尚涵蓋大家耳熟能詳的大型股、集團股），一般投資人買進該類型個股的原因不外乎：

　　1.安全，至少常聽到該股名稱。

　　2.獲利穩定，地雷機率小。

　　3.獲利能力佳，至少長期所接觸媒體的看法是如此。

　　乍聽之下都是對的，沒錯，對於保守型投資人來說都適用，但假若你追求的是高水準的投資報酬，上述的概念必須做部分的修正，依前述排列順序分述如下：

　　1.正是因為大家對於該股都已耳熟能詳，**故其價值已經被市場所充分認知，股價不易被高估或低估，既然如此，價格過於理性而不容易出現大的波段走勢**，潛在獲利的空間被壓縮後，自然比較不符合追求高投資報酬率的作法。

　　2.追求穩定的獲利是對的，但除此之外，更要以積極的心態尋找各種盤勢背景之下的強勢股、主流股，這是追求高投資報酬率的最根本要求，「特別」好的高報酬，必然是由「特別」的操作方法所衍生，平凡的方法只帶來平凡的報酬。

　　3.個股的獲利能力佳是長期影響股價的主因，但請注意一點，過去及現在的盈餘成績並不代表未來的獲利能力，尤其基本

面變動快速的產業更是如此，會影響未來獲利能力的是未來的產業發展，而不是過去的表現，其間沒有一定的必然性。

趨勢、收盤價所傳遞的訊息

但真正影響投資報酬率的關鍵，是在於個股買進的時點，就算買對個股，若進場點不佳，仍然只能等著解套而已，好的情況可以解套，但若再將產業變化納入考慮的話，產業利基不再而又是高檔買進的個股會讓你套上一陣子，用兩檔個股做比較。

錸德86年的L1及87年的L2，分別為其重要支撐的頸線位置，跌破後股價均大幅做了修正，這兩次高點的買進者事後在88年除權前的股價換算，全部都處獲利的狀態，但其利潤絕不比在低檔突破後買進者來得高，其中還不包括下跌過程中的斷頭、或追繳、套牢痛苦的心理煎熬。

答案已經很清楚呈現在眼前了，跌破L1、L2後能跳脫出績優股迷思而先賣出者，在88年A點的突破處128元，至少可以用原先賣出的價位買兩倍以上的持股（**舉例賣256元者就可以用一張買回兩張，自己也可以幫自己配股**）。

兩種投資策略，優劣立見，在高檔買進者眼看股價漲回進場點，解套了是沒錯，卻違反了策略上的要求，報酬率是最佳的證明，如果再加上L1、L2跌破後的空單獲利，其利潤更為可觀。

下一個例子力捷：
86年間其是投資人耳熟能詳，被「認知」的績優股，傳統的績優股長抱觀念會產生這種結果，股價從276元高點修正至20元以下，當然這牽涉及產業結構、基本面的變化，但多數在86年高檔

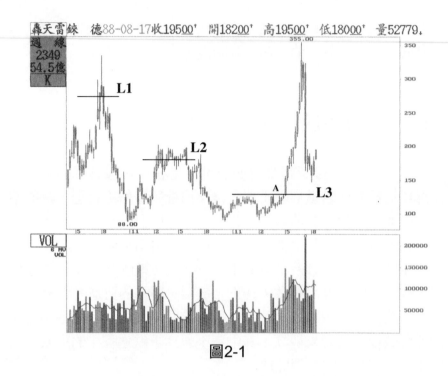

圖2-1

1.波動越大的走勢，代表越大的操作空間及潛在獲利空間。

2.嚴格來說，圖中L1、L2、L3的跌破與突破，都代表了絕佳的交易機會，多空操作兩相宜，不做空者也至少了解L1、L2破線是多單的出場訊號，即使是長線的買單也一樣。

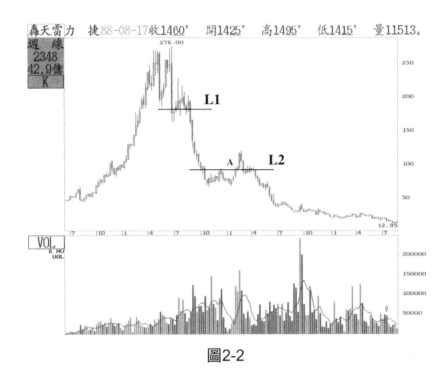

圖2-2

1.L1的跌破是長線買單的最後出場點，績優股長期投資的觀念
先放一邊，價格走勢最為真實。

2.A點的突破會誤判為多頭重新發動攻勢，但再次跌破時即代表
突破無效，多單必須出場。（停損的概念後續會介紹）

3.股價的真實走勢要強過任何的市場傳言，勿因為種種的迷思妨
礙了客觀的判斷。

買進者都不會在當時曉得基本面的變化。

　　它是大家認定的績優股，這種觀念當然是十分危險的，L1跌破後一路狂瀉，87年2月間向上突破L2的頸線時，在當時來看是一個買進訊號，但一個月後再次跌破則代表先前的突破無效，極有可能開始進行再一次的修正，就算在250元買進，股價跌了80％到50元時，**要是認為跌深夠低了而買進，它會讓你再損失70％，**（其曾跌至15元以下，在此先不考慮配股因素）。

　　這就是買進績優股的另一種風險，千萬不要認為績優股永遠就是績優股，你要注意量價及趨勢的變化。

績優股果真可以「隨時買，不要賣」嗎？

　　如果還認為可以的讀者，請回頭從第二章起再閱讀一次。

　　股價的形成是由所有市場參與者的買賣行為所產生，不論買進、賣出的原因理由為何，其決策的形成最後都會牽涉及人性，這一點只要到號子轉一圈就會明白，在指數的高低檔時，所顯現出來的是完全不同的氣氛，主導股價的形成，投資人心理因素佔很大一部份的因素，因為你所接觸到的基本面訊息，利多與利空，全部直接影響你的持股心態，再進一步表現在股價上。

　　也是因為如此，股價的高低點是投資人非理性情況下所成就出來的，如此便出現許多可供操作的機會。

　　股價歷經一段漲幅，高檔震盪跌破重要支撐後，這時管你是不是績優股，先賣一趟再說，積極型的操作者可兼做空，先前就是因為投資人在漲升末段非理性地追價，才將股價推升到非理性的價位，追價熱潮減退後，股價的修正是必然的，這時你還抱著一把往下掉的利劍嗎？先行賣出，日後再用更低的價格接回，

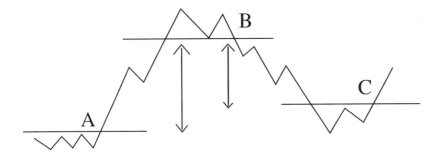

圖2-3

1.A點的突破代表買進機會。

2.未能突破前波新高，而後跌破前波回檔低點，故B點為有效的賣出訊號。

3.大幅修正後，股價穿過前波反彈高點，故C點為長空單的回補時機。

比較符合操作的真義。

這種作法並非鼓勵投資人勤作差價，而是在一段趨勢末端發生反轉時，才做動作，還是要提醒一句話：只在有意義的時點進行交易，趨勢的改變導致操作部位的轉換，而中間波動的部份代表著利潤。

因為投機失敗，所以長期投資

以下幾個例子說明了迷信績優股，不關心股價所造成對投資報酬率造成的傷害。

以華銀為例：

1.股價跌破L1後，代表前次的突破無效，多單持有者要有戒心，對於積極者而言就已經是賣出的訊號了。

2.再過四週跌破原始的趨勢線L2，表示該股的結構出現重大的變化，上升的格局已遭破壞，此時不論你是投機者，短、中、長線的操作者，這都代表著最後的賣出訊號。

3.88年6月曾攻越過L3所代表的壓力區，之後再跌破也是另一次賣訊。

背景相類似的彰銀也幾乎是相同的情形：

事實上以第一章中所述的買進方法作討論，該股在這張長達兩年半的圖形中，只出現過一次買訊在Ａ處，但**當時再次跌破L1後就是代表著失敗的突破，視為多單的出場訊號，在接下來長達兩年的下跌趨勢中，你絲毫不會受到任何套牢的傷害**，更不用說那些沿路加碼攤平所浪費的子彈了，正確的觀念及策略引導你避開股市中種種的陷阱。

在沒有任何的買進訊號出現之前，都不應該以股價偏低的

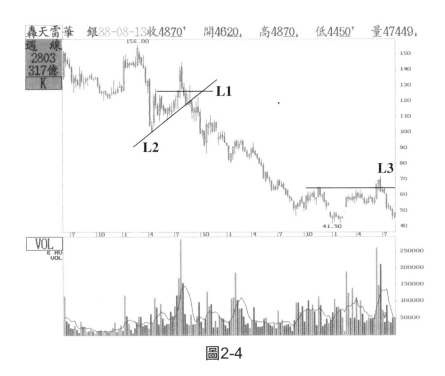

圖2-4

1.華銀並不符合狹義績優股的定義，是因為市場觀念認定為是績優股，故提出來做討論。

2.86年中至88年中，近七成的跌幅使傳統型投資人損失慘重。

3.若重視趨勢的方向、收盤價的變化就可跳脫出傳統觀念迷思所帶來的風險。

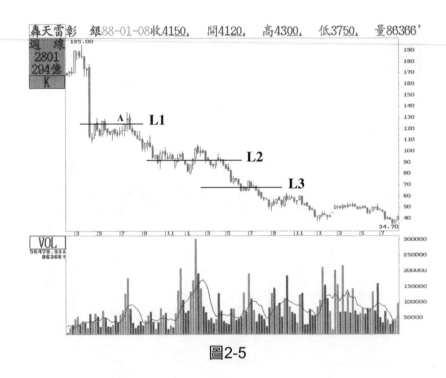

圖2-5

1.導致投資人虧損只有兩個根本的原因，第一是做錯了方向，第二是不知如何處置這個錯了的部位，而後者的傷害性又比前者大得多。

2.以三商銀當時的背景，只要一遇拉回就會有逢低佈局、承接的建議出現，那麼從百元以上起算，到底逢多「低」再承接才是對的呢？沿途根本沒有前章所強調的買進訊號出現。

3.藉由形態客觀的判斷，就可以避掉許多傳統觀念認為是理所當然的陷阱了。

理由進場做多，這點就如不應該以股價偏高而放空是一樣的意思，從L1的120元修正至L2的90元跌幅為25％，L2再跌破後修正至L3的65元處，其跌幅為27％，這時傳統的投資人容易被「股價已跌深」、「績優股股價偏低」的觀念所迷惑而進場買進，但光從L3的65元處再跌至88年8月的低點34.7元，又下跌了約47％，雖經配股，仍處於大幅的虧損狀態中。現股買進者嚴重套牢等待解套，融資買進者提早畢業，除了自有資金的虧損之外，還外加每年近10％的利息費用，怎麼算都划不來。

　　同類股中的國壽亦說明了不迷戀傳統觀念，重視價格走勢的重要：

86年3月間L1為當時向上突破的支撐，但再次跌破則代表者是一次失敗的多頭攻擊，警覺性高的多單會在該處出場，而後續L2的支撐跌破後，則是更明確的賣出訊號了，此後截至圖中的87年6月，一直沒有買訊出現，意味者股價不具備波段的上漲實力，其間的上漲都僅是反彈而已，而股價持續地修正也不令人意外。

　　國壽已經是金融類股中屬較為績優的代表股，連這種長線持有信心充沛的個股都如此這般修正，更不用提其他金融股了。

　　再以台塑為例：

　　1.經過兩波段所累積的漲幅後，在高檔持續震盪，之後買方追價的力道開始退潮，賣壓湧現，分別跌破L1及L2之頸線位置，這是十分標準、明確的賣出訊號，這時若堅持長抱的態度，無異是和資金過意不去。

　　2.每次拉回整理後總是有更好的價位可買回，況且賣出的訊號是出現在一段完整的漲升過程之後。

　　再看台積電一例：

　　1.L1之上的兩個頭部區，都是市場上氣氛最狂熱的時候，同樣的情形，潛在賣盤越來越沈重，終於貫破L1的支撐區，信

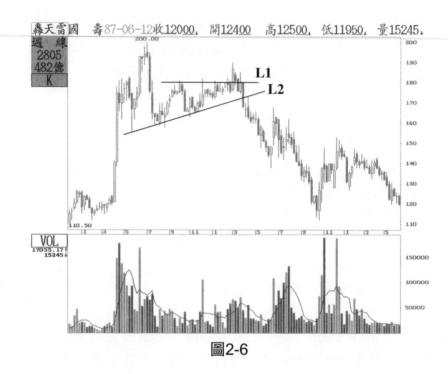

圖2-6

1.市場上有各種的數據、消息，而各路人馬評析過這些資訊後，
會做出買進或賣出的決定，因此根本上會影響股價的原因，是投
資人的心態，而非資訊本身。

2.問題就出現在此，要如何去判斷其他市場參與者的心態呢？買
賣行為會反應在走勢之上，這代表投資人對於某一個股所願意持
有的程度。

3.任憑是績優股，獲利穩定，也抵擋不了大勢的力量，一些原本
不打算賣出的投資人，也會因為股價下挫而反手賣出，更加重了
賣壓，如此循環造成跌勢的延續，而任何的基本面報告都計算不
出這一點的。

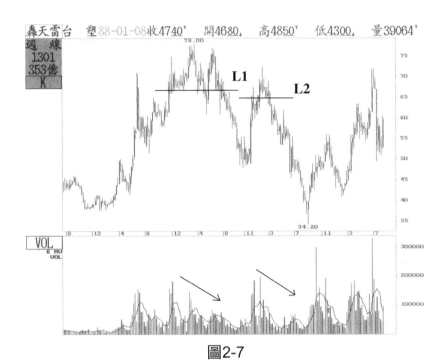

圖2-7

1.績優股絕對不代表買進就長抱不動，跌破Ｌ１及Ｌ２後，股價分別下跌了30%及50%。

2.本例在高檔量能出現退潮，更早先預警了多頭攻擊力道的減退。

3.「股價」，才是影響獲利關鍵的最主要因素，藉著更積極的操作，高檔賣出你的「績優股」，隨時可以再接回來，長期下來，持股成本有機會變為零以下，而傳統的配股模式則永遠為零以上。

守續優股長抱者又受傷一次。

2.而能夠在高檔選擇先賣出者，在股價整理過後突破L2、L3時都可很從容地再次買回，而且都是買在最有效率的點，也就是買進後的漲升速度最快。

總而言之，選對了標的外還要選擇好的進出場時點，才能創造出優異的報酬。

以下的計算可輕易看出進出場時點對於投資報酬率的影響：

87年間若以140元買台積電，且遵循續優股長抱的信念，等到88年股價自最低56.5元漲回後終於解套，但股價漲回原進場點，才勉強打平不賠而已，其中還包括套牢期間的心理壓力，而融資買進者有部分會被掃出場。

趨勢的操作者會在跌破L1時先出場，等到向上突破L2時再重新進場做多，成本價70元附近，沒有買更低的價格不重要，重要的是買在一個攻勢的啟動點，等到漲回140元處已獲利一倍，若再將配股的權值計入則更可觀，因為140元處賣出再以70元買回時已經可以買兩張了。

股價波動大，長期趨勢明顯的個股更會凸顯操作方法、觀念不同所帶來的巨大差異。

大抵上來說，當市場交投最為熱絡之時，也是相對高檔之時，不論個股如何的「續優」，也必須面臨供需失衡後的調整修正，這是常態，但處在相對高檔的市場氣氛中，往往也是最容易使人犯錯的時候。各種的利多不斷，傾向買進後長期投資的人數大增，奇怪的是，總是多數的人在低檔游疑，反而在高檔時勇於追價。

再舉87年日月光除權後走勢為例：

4月20日除權當日爆出185353張大量，高檔創新天量而後

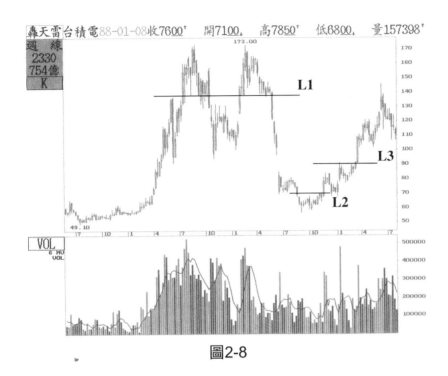

圖2-8

1.在高檔沒有賣出的投資人，等股價漲回原點時只是解套，低檔
買進者則是倍數的利潤，差異頗大，其差別只是多執行在Ｌ１跌
破時賣出的程序而已。

2.發掘潛力績優股長抱只是一般的通則，藉由多空轉折的判斷則
更能提升投資績效。

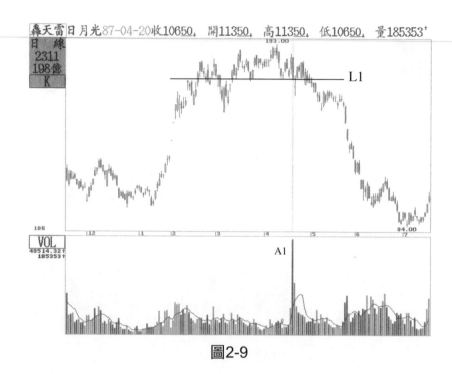

圖2-9

1.此為除權後的還原圖，最大量當日（A1）的最低點（也是Ｌ1）
被跌破後，潛在的賣壓更顯得急切，多空在此易位。

2.「目前的價格」絕對會影響持股人的心態，一旦曾經套牢過，
再回到成本價時便會引發強大的賣出欲望，尤其在經過一段漲幅
之後。

3.股價的最高、最低點必然不是理智的情況下所造就出來的，這
也代表著並非所有的績優股在任何時點都可以買進，在買進時一
定要考慮到這是否是具有優勢的買進點。

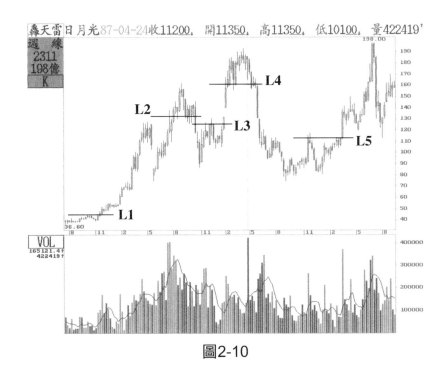

圖2-10

1.此為長達三年的走勢圖，其出現五次有意義的交易訊號。

2.L1：底部突破的買進訊號。

L2、L4：歷經大漲後跌破頸線的賣出（放空）訊號。

L3、L5：突破整理區後的買進訊號。

3.任何的市場耳語，財務報表都不會比價格走勢來得真實，因為價格走勢反應了投資人對於該股的評價。

4.三年中僅五次較為明確的交易訊號，由此可見辨別訊號的重要，交易者要瞭解何時應該只當個旁觀者，何時又要果決的下交易指令。

股價無法再創新高，至少已經是一個警訊，顯示相對有相當多的籌碼供應著狂熱的買盤，此後股價跌破L1的頸線，開始大幅度的股價修正。

圖中在高檔區，沒有任何如第一章所述的買進訊號，無論如何至少避開了買進的風險，甚至在除權前許多的市場謠言傳聞股價至少會攻上200元的價位，其透過形態、量價的觀察，都透露出許多的破綻，經由圖形客觀地分析，早已避開這些市場風險了，任憑再多的利多消息，也不能再誘使你胡亂追價了。

反之，對於積極的操作者來說，跌破L1的頸線反而是空倉的建立時機，迷戀績優股長抱觀念的投資人，正準備開始長套，等待來日再解套，但更靈活的交易者，才準備要開始累積空單的獲利，以便將來多頭買進訊號產生時，以更多的資本建立多頭的部位，屆時，一個是多空兩頭賺，另一個「績優股長抱」的只是坐等解套——如果運氣好的話，因為多得是買在最高點後，七年、八年還無法解套的投資人，除了帳面上的損失外，無形中還失去資金的時間成本外加心理套牢的痛苦。

第三章
保持最佳的持股狀態及品質

停損的必要性

你無法控制走勢的發展，但可以控制自己的策略及方向

策略執行尤勝選股能力

「早知道……，就不會…」，這句話一定不陌生，若說股市是讓人懊悔的地方是十分貼切的。

停損這個觀念佔整個操作策略上相當重要的一部份。藉由停損的執行，可以把損失控制在合理的範圍之內，如果放任股價不斷往不利於你的方向行進，就是最快速終結你資金的方法，**做錯了方向已經錯了第一步，無限制地讓浮損擴大就是錯誤的第二步。**

投資人本質上來說都存有樂觀的心態，總以為股價會往自己「希望」行進的方向行進，一但走勢背道而馳時，所伴隨的是憤怒、憂心、期待，許多負面的情緒會干擾你正常的判斷，這些都是操作中最大的障礙。

剛開始「小」賠10％，多數人會認為：「沒關係，會再回來的」，當損失擴大到20％，已經開始擔心了，並計劃當反彈（多單）或回檔（空單）出現時儘快出場，想歸想，當真正反彈或回檔出現時，又開始貪婪地想反敗為勝了。

而當損失再擴大到30％時，理智的成分越減越少，「想當初小賠都沒出場了，現在更不可能出場」，大有大幹一場的味道。

再擴大到40％％、50％時，大都已心灰意冷，眼不見為淨。達到50％以上時，心理邊告訴自己說從來沒碰過這檔個股，因為意氣用事也不想出場了。

以上是過去一再發生，往後也還是一樣會重複不斷的過程，因為面對的是最大的敵人—交易者本身的心態。

停損的必要性

　　做多時賠錢捨不得賣，藉口是賣不掉，難道每天跌停賣不掉嗎？其實只是因為捨不得而已。如果沒有在多空易位時迅速加入佔優勢的一邊，就會失去獲利的先機，更何況是站在劣勢的一方，只有挨打的份。

　　停損只是要你帶著小幅度的損失離場，撤出資金來，重新尋找交易標的，如此不僅避免損失再擴大，也讓你保有資金的主控權，千萬別讓任何一個部位牽制住你的資金。通常當你小幅停損出場後，會有一種安適感，總算擺脫了賠錢的爛部位，空手時的判斷也更為客觀。

舉世華銀行為例：

　　1.L1代表盤整區的大型支撐，跌破後就是要和多頭倉位說再見的時候了，千萬別拿績優股獲利良好的理由來安慰自己。

　　2.從心理面的角度討論，L1的跌破代表過去五個月來的買進者都處在套牢的狀態，若多頭欲扭轉劣勢，必然會遭逢相當大的賣壓，就好比很多人等著跳船一般，**當時有那麼強大的買盤能吸納、消化這些潛在的賣盤嗎**？

　　3.L2的跌破代表修正跌勢的反彈結束，股價持續往阻力最小的方向行進。

　　4.直到L3的突破才出現真正的買訊，簡單的策略為你省去33元的成本，（L1跌破處為70元，L3突破處為37元，70－37＝33）簡單的策略要由絕佳的自制力配合執行，一張兩年半的週線圖，嚴格來論僅出現兩次賣出訊號及一次的買進訊號，訊號的辨認讓你安全出場（L1、L2） 及安全進場（L3）。

　　再看鴻友一例：

L1、L2、L3的跌破都代表著多空易位，一但長期的趨勢反轉，

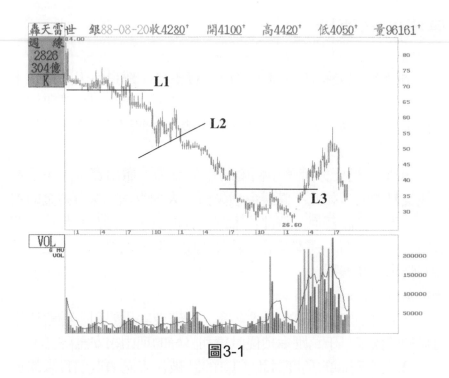

圖3-1

1.績優金融股的代表，但趨勢的力量強過一切，也呼應前章的主旨，不應以績優股作為逃避的藉口。

2.L1、L2的跌破為明顯的轉弱訊號，跌破後L1～L2的跌幅約30%，L2到最低點又跌了約50%，融資進場者，因未能停損而栽在績優股身上，相當諷刺。

3.依循第一章的做法，輕鬆在突破L3後買進，不僅避開下跌段，也買在起漲區。

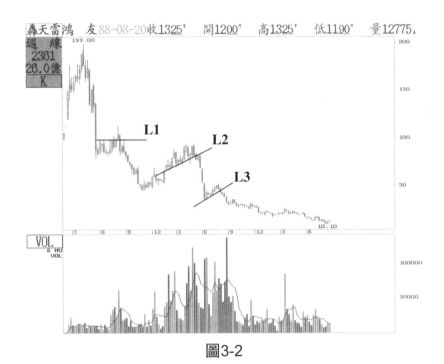

圖3-2

1.未能遵守停損的紀律，操作資金很可能毀在某一筆交易中，86年高點199，88年低點10.1，其間雖配股三次，但損失程度依舊十分可觀。

2.L1、L2、L3的跌破，其轉弱訊號都極為明顯，一路都未曾再出現買進訊號，逢低承接嗎？只是套得更深。

3.所謂「跌深未必反彈，低價未必便宜」正是如此。

4.持有多單者，若在破線之後都能執行停損，就都能避開可怕的跌幅。

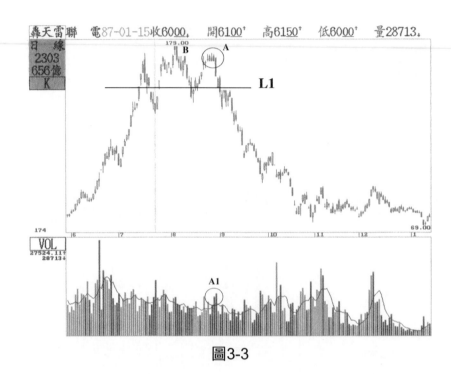

圖3-3

1.此為86年除權過後的還原圖。

2.如果真能藉由財務報表，或某特定公式，再以計算機計算出股
價的話，那麼大家的看法就會一致，股市也不用交易了，就是因
為大家的看法不同，才會有買進賣出的行為，也才得以交易。

3.就算計算出「合理」的股價，市場的報價也未必相吻合，市場
參與者的持有意願，才是決定股價的原始力量。

4.而當股價跌破某一臨界點後，恐懼會取代期望，競相賣出的結
果使得股價大幅滑落，此時還有「目標價位」的想法嗎？這是另
一種一廂情願的想法，就算你不賣出，其他人賣出所引發的賣壓
也一樣會使股價再下挫。

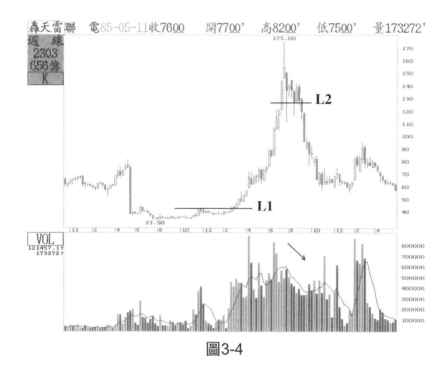

圖3-4

1.在股價上漲的過程中,不論本益比多高,累積的漲幅多大,只要持續追價的力量仍在,還是會有投機的噴出走勢出現。

2.等到潛在的買盤完全都進場後,買氣開始衰竭以致於量縮,才是反轉的開始。

3.換句話說,漲時不應設限其發展的空間,讓突破L1之後的多單利潤持續累積,接著,不論你的買進成本為何,跌破L2後,就是你要和多單說再見,執行停利或停損的時候了。

至少都會持續一段時間，**跌破的同時，若不加入空單的操作，至少也要避開持有多單的部位。**

跌破L1、L2、L3後，股價分別下跌了50％，50％及近70％，請注意最後的70％，是已經跌了一半之後又再跌了70％，停損的策略讓你避開了一大段的損失。

同類股中的聯電，其86年除權過後的下跌修正走勢，更讓人能夠深切體會停損之必要性。

股價歷經了相當大的漲幅空間，而在利多不斷的情況下漲勢開始減緩，以除權過後的還原圖觀之，A區的高點已經無法再越過前波高點B，此後跌破L1的頸線位置，正式宣告一個完整的頭部成立，意即在這個歷時近兩個月的整理區中，在跌破L1之後，已經形成相當多的套牢籌碼，往後股價欲創新高勢必會遭逢大量的賣盤，在此時，影響賣出心態最急切的因素是價格，尤其當買進成本價越離越遠時，更容易引發大量的賣盤出現。

其正式跌破L1後，稍做震盪股價急轉而下，連像樣的反彈都未曾出現，事實上在K線中的A區，對照成交量A1區，當時成交量放大卻無法推升股價，代表當時的賣壓已經相當地沉重，這種該攻未攻，該強不強的走勢，已經透露出轉弱的訊息，更積極的賣方應該在此時就要出手，若未及賣出，其跌破L1更是明顯之至的賣出訊號。

換句話說，不論你買進的成本為何，獲利與否，一旦有這種訊號出現，就是賣出，一個指令可以幫你避掉許多的麻煩。反觀若套用逢低加碼，逢低承接的策略，只是徒增套牢的資金而已。

空頭部位的停損

停損的概念同樣適用於空單的操作，目的也都只是限制損失的進一步擴大，所放空個股的壓力價被突破後，代表買盤的力道增強，才有能力攻上壓力價格，這時需要客觀的態度迅速出場，因為站錯位置了，絕對不應該有任何再等待的念頭，只要是在最初的反轉點認賠，都不會帶來太大的損失，**你沒有辦法每次都做對，但可以控制做錯時的錯誤程度。**

舉亞旭一例：

88年6月中旬其跌破上升軌道，量能亦呈現背離走勢，可建立測試性的空頭部位，設停損為6月9日之收盤價65.5，意即若日後的收盤價若高過65.5，表示情勢被多方所扭轉，空倉必須出場。

經過15%的下跌後，買盤再次加溫，攻上65.5停損價後就是空單認賠回補的時點了，藉由停損的執行，帶領你跳脫出被軋空以及損失擴大的危險。

當錯誤的停損發生時

中、長期的趨勢方向是容易辨認的，但短線上不可避免的會出現許多的雜訊，我們將之定義成整理過程，操作的要點之一就是要避開這些多空均衡，且無意義的走勢，這也是呼應之前提到過的觀念─只在有意義、關鍵的時候出手，其餘時間讓市場自行表態。

問題就是出在當短期的價格波動影響及操作時，要如何應對？

假如持有一多頭倉位，當盤中帶量跌破或收盤價跌破所設支撐（停損價）時，縱然仍看好後勢的發展，仍應先停損出場，

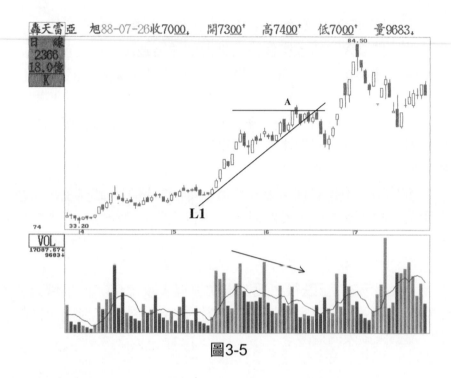

圖3-5

1.在此順便一提，當時該股是處於強勢的電子股中，做空已處於不利的地位，是這次交易的失誤之處。

2.破線後能夠迅速再站上反壓線，代表其多頭力量十分強勁，最初的破線已經沒有意義了，因為格局再度被扭轉。

3.空單若不認輸出場則損失更形嚴重，有時小賠的交易反而是筆好交易。

第一次的停損代價總是最小的。日後若股價再次轉強，又一次攻上壓力價突破時，配合當時的量價情況，再評斷是否做再一次的進場，把它當成第二筆交易，不要有沒有做到差價的想法。

舉鍊德一例：

1.B點的突破並非為買訊，其前波的套牢壓力區尚未攻克，攻勢還需醞釀，到B點為止都屬較無意義的走勢。

2.88年3月19日收盤價攻上125元（A點），配合量能潮穩定遞增，買進訊號浮現。

3.多單進場後股價不漲反跌，甚至跌破當時所設的停損價115元（B點），為了避免損失再擴大，停損出場於C點（115元），該筆交易帶來9%的損失。

4.狀況不明時先退場，局勢再度轉為有時利時，會是再一次的交易機會。D點27528張近期最大量伴隨K線收紅為另一次的突破，**當股價破線後，能夠再一次整軍再上，其買方力量必然十分強勁，才能克服掉更強的賣壓。**

5.四天後5月3日以32183張的更大量，跳空開盤K線收長紅，將股價拉開脫離突破點D，更加確立多頭的攻勢啟動，一波華麗的多頭走勢就此展開，其後除權前最高攻抵355元之價位，漲幅達284%。

由本例的股價行進過程，從訊號的出現→再一次出現訊號，完成一個買進流程，第一次的停損出場是暫時性的退出，因為當時股價跌破所設之支撐價，存在著轉弱的隱憂，故先離場，假如買盤夠強則會再次攻上壓力價之上，屆時會有更安全的買進機會，**這個可能性留給市場的買賣雙方角力，等到重大的趨勢成形，再介入，並確定當方向出現後，要坐在方向對的列車上。**

這種評論方法較不被基本分析者所接受，但是，儘管基本面再好的個股，也要被買盤認知後才會買進，買進的原因和理由

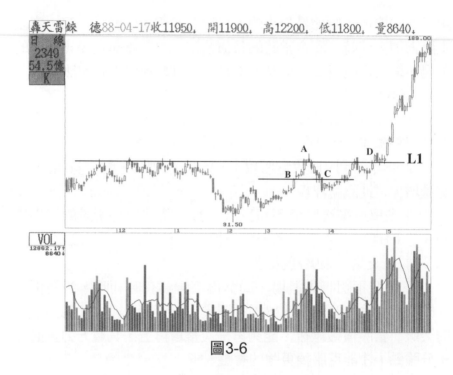

圖3-6

1.傳統的分析會將A點突破,再拉回C點以下解釋成洗盤,此未免太過複雜,當時認為只是多空較量的結果罷了。

2.管他是否洗盤,股價若轉強還是有再一次的切入點(D點),想像力太豐富,自己聯想走勢都太過一廂情願,市場自然會告訴你它的方向。

3.跌破C點時的停損並沒有瑕疵,重點是還要積極地追蹤後續的訊號,這筆交易雖停損出場,仍是筆好交易。

4. 將突破D點後買進的獲利計算進去,則之前小幅的虧損顯得是如此的微不足道。

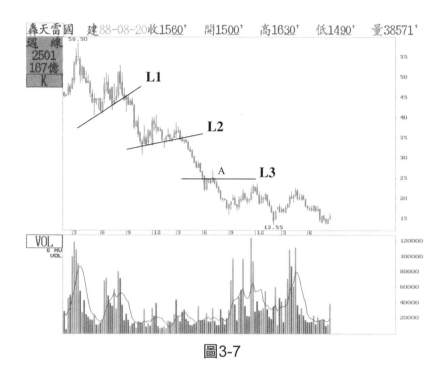

圖3-7

1.營建股的龍頭及績優股，並不能使你避開下跌修正的風險。

2.下次再遇這種情況，管它長期投資獲利無限的論調，先砍股票再說,若非如此，L1跌破時43元至87年低點13.55元，跌幅達69%，L2跌破時35元→13.55元跌幅亦達61%，連A點的突破失敗都能再跌5成以上。

3.懂得賠小錢全身而退，才有持續交易獲利的機會。

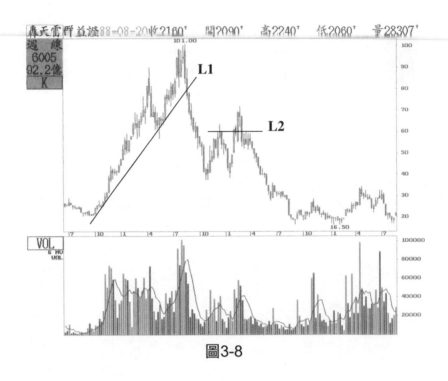

圖3-8

1.86年中，證券股幾乎是人手一張，供需結構一旦失衡，股價的修正既快且深。

2.本例用代表長趨勢的週線圖作判斷，就算買在最高101元，跌破L1賣出是虧損20%，比起後續的跌幅已算是小傷。

3.87年初的攻勢也在L2跌破後結束，L2在62元處，而88年初低點為16.5元，又下跌了7成之多，其間雖含配股，但能彌補股價上的損失嗎？

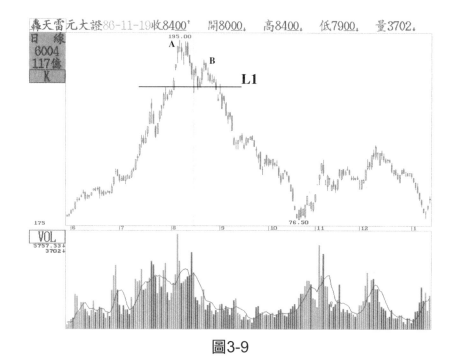

圖3-9

1.元大證券當時為證券股中的股王，市場中言傳目標價為200元以上。

2.同樣以除權還原圖做觀察，其除權過後之高點B已經無法越過前波高點A，這是警訊。

3.當股價跌破前波回檔低點處的支撐L1時，就是最後的賣出訊號了。

4.任憑諸多市場謠傳以及狂熱的追價氣氛，已經無法動搖你，客觀的形態告訴你股價才開始要起跌而已。

5.諷刺的是，當時的證券股及電子股是許多基本面分析者所認為理所當然的基本持股，財務報表中的數字並無法告訴你何時賣出。

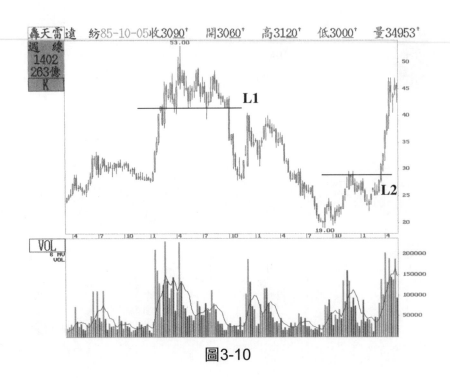

圖3-10

1.標準的教材。

2.L1跌破後頭都成形，若不做空也至少要出清多頭倉位。

3.L2的突破是標準的買點，大型底部區提供大漲的堅實條件。

4.若L1之上的買進者不被斷頭或砍在低檔的話，88年漲回原點僅是解套而已，資金被套牢將近兩年怎麼說都不對，失去了機動性，也失去了時間成本等。

5.而能在L1處先停損，突破L2再買回者則2個月內獲利約7成，此處還不包括跌破L1後空單的獲利，策略不同，績效自然大不相同。

很多，只要有特殊性質的買盤做介入，量價的變化是最好的確認工具，雖然操作的過程曾經先停損小賠一段，但就操作策略而言，要比買進就一直抱著的方法要強的多，重點是隨著市場的變化而調整倉位。

因為停損，因此變得客觀

在此還是再一次強調，停損只是暫時性的退出，站在場外觀察機會，在此同時，你也保有資金調度的靈活性，主控權在你，並不因為資金被套住在一個倉位而無法切入其他個股的進場點，停損只是純然的操作觀念而已，但實務上並不容易執行，只要看看自己或其他股友的歷史就可以清楚了解，請記得，該出場的時候就是該出場了，**趨勢改變後，最初的損失代價是最小的。**由以上幾個例子，更可清楚看出這個觀念的實際幫助。

停損與長期投資

一筆完美的交易，買進時點和賣出時點一樣的重要，否則光只是買在低檔區，到了高檔區跌破支撐後仍不知賣出（或因貪婪捨不得賣），就好比從高雄坐一趟火車到台北，到了台北沒下車又坐回高雄是一樣的意思，白坐（做）一趟，說是長期投資嗎？恐怕也要是真正具有長期投資價值的個股才行，否則只是自欺欺人，姑且算是長期投資好了，那麼又為什麼不積極地操作追求更大的獲利空間呢？

以中強為例：

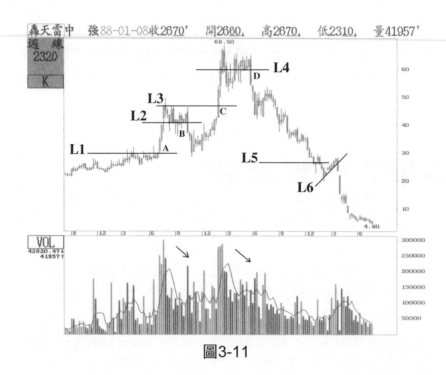

圖3-11

1.先順便回顧第一章中所描述的突破買點，A、C兩點即為標準
的進場點，請注意，在突破之後所累積的漲幅、速度，都是本圖
三年之中最快的。

2.密集區下緣L2、L4的跌破，都代表著趨勢可能轉變，但在當時
並非100% 確立，但絕對都是警訊，停損(利)出場也絕對有其必
要，至少是先行退出，不需要在情勢不利於你時還站著不動，有
買訊出現時仍可隨時再接回部位。

3.以正規作法來論，L4跌破後根本就不會還持有該股的多單了，
當然也就不會有L5、L6的賣出問題，但對於套牢者來說，雖已
跌深，但L5、L6的跌破仍是積極的停損訊號。

87年初號稱三大轉機股之一，投資、投機等各路買盤集結的情況下，形成由35元附近起漲至68.5元高點的強悍走勢，而當時市場上也謠傳著目標價三位數的說法。

　　從這張歷時三年的週線圖，可以清楚且完整地剖析從買進到賣出的全部過程。

　　1.第一次的買進訊號出現在A點，當時突破了長期整理區的上緣，也就是L1，搭配量價同時突破，訊號失誤機率極小。

　　2.買進後三週，成交量持續擴增，將股價向上推升了五成之多，從週線觀之，正規的賣出點落在B點處，雖未能賣在最高，但從L1至L2之間，也單純且迅速地獲取三成的利潤。若配合日線分析，則會賣出在較高的價位。

　　3.一直到前波整理區收盤價高點L3突破前，沒有再出現任何的買進訊號，直到L3突破後再次切入做多，同樣的，量價齊揚，股價也迅速推升，又是買在最經濟的發動點上。

　　4.之後股價在C點買進後的第五週，首先跌破L4的支撐後賣出，雖未買在波段的最低點，但五週的交易日中，從L3至L4的區間獲利29%，也是可觀的報酬。

　　5.L4的跌破是賣出的訊號，也就是多單持有者的停損（或停利）訊號，所代表的意義是股價已跌破重要支撐，空方力量要強過多方，此時不應再有捨不得賣出的心態，最好的買進時點已過。

　　6.此後股價一路修正，從未出現過買訊，不做空者至少不因為做多而虧損。

　　7.到了L5後，許多人會認為股價回到了起漲區，或以股價處在相對低檔的原因而考慮買進，但事實上形態本身並未呈現任何的買訊，也就是形態尚未被扭轉，此時買進未免過於武斷，理由不夠充分，而後股價也持續下跌修正。

8.沿著支撐線L6的反彈跌破後，也是另一次的賣出訊號，千萬不要認為股價已經跌深就是安全的買區，因為**股價之所以會跌深一定是有龐大的賣出籌碼在供應著**，另一方面也缺少承接的買盤所導致，果不其然，在爆出地雷股內幕後，股價竟可以從L6處再跌80%以上。

沒有內線的消息，沒有任何的基本面資料，僅以量價的走勢變化所形成的形態，就可以輕易掌握最佳買進時點，以及適時地獲利出場，更重要的是不會誤踩地雷股。

第四章
標準輸家會做的事

逢低承接，打探明牌的心態

要在不想做的時候去做應該做的事

　　股價的運動就兩個方向會讓你獲利，向上或向下，比喻成擲銅板，不是上就是下，都是二分之一的機率，依此來論為何每年結算過後，超過八成的投資人仍處於虧損的狀態？除了選股能力外，操作策略的錯誤，投資心理的弱點是最大主因，其影響的程度甚至高過選股能力的強弱。

　　本章的重點將著重於分析經常誘使投資人掉入的陷阱。

明牌的迷思

　　如果你對其他人建議買進某個股，十之八九對方的第一句回話是「會漲到多少」？而筆者的回答通常是：「不知道」，之後會換得來充滿懷疑的回應眼神，彷彿是告訴我：「這算是什麼明牌」？沒錯，一個尊重趨勢的操作者所提供的僅是方向而已，而高低點、滿足點的位置，是交給市場所決定的，用最客觀的心態解讀這個市場，而不是把希望寄託在某個建議你買進的那個人身上。

　　但是打探明牌的情形並非只存在於散戶，一些標榜專業形象的法人機構間，也存在著打探訊息的生態，總歸一句話，由人所組成的市場，必然夾雜著人性的弱點，這裡所指的就是對於明牌的一種近乎崇拜的情結。

　　如果你處於離「核心」不遠的位置，那麼明牌可能讓你獲利的機會會大一點，只可惜多數人離「核心」都有一段距離，距離間還相隔了好幾層，所以等到明牌傳到你手上時都過了好幾手了，股價通常也都漲了一大段，此時再買進都成了他人最佳的出貨工具。

　　關於股市中的食物鏈，公司派除握有股票、現金、產業內

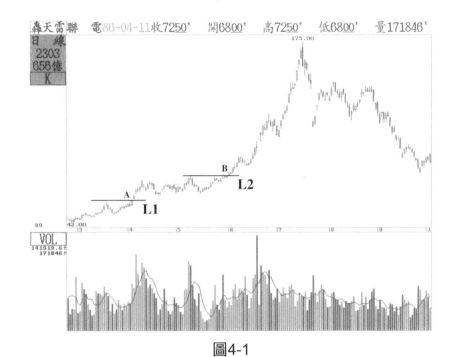

圖4-1

1.86年股價突破L1、L2時,出現標準買點A、B,當時該股並非是市場的大熱門股,反而是在末段噴出時,市場傳出目標價250元,此時幾乎人手一張,成了大熱門股。

2.若沒有這些誘人的目標價格,又怎麼能製造出一個出貨的環境呢?又如何誘使人再買進呢?

3.許多空手者或過早賣出者無法控制誘惑,再次進場追逐成了高檔的犧牲者。

4. 長期投資的口號下換來套牢的痛苦。

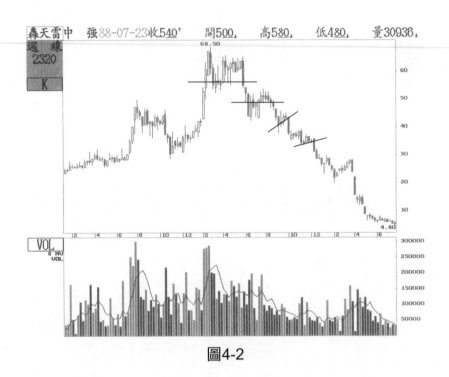

圖4-2

1.87年初號稱四大轉機股之一，市場傳聞的目標價是三位數。

2.但股價在87年就已經愛到最高點了，追逐明牌尋夢買進者又套在高檔，太容易取得的資訊或多數人都曉得的訊息，十之八九都是錯的。

3.再回到前章的重點，停損若確實執行，圖中至少有四次明顯的停損訊號，捨得賣，就不會從號稱目標價100元的轉機股抱到變成一檔地雷股了。

4.公司的基本面，財務狀況的變化並非一日所造成的，該地雷股引爆前市場全無訊息，但量價及趨勢的判斷，讓你完全避開該股的暴跌風險。

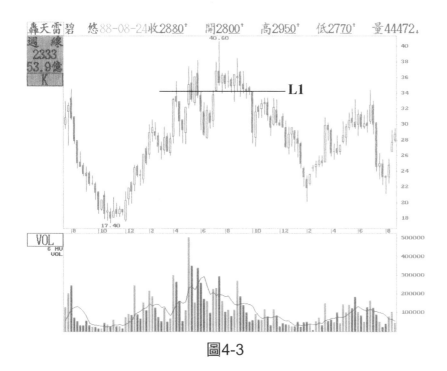

圖4-3

1.也是87年初號稱的轉機股之一，也傳聞有目標價100元的實力，散戶買進者眾。

2.L1之上量大不漲，該強而未能續強，反而量能呈現遞減的形態都是較弱的前兆。

3.L1的跌破就是確實轉弱的訊號，此時還相信市場明牌嗎？應該是要越少人知道越好的事又怎麼會人盡皆知呢？

4.總結，重視市場的價格、趨勢，小心過濾明牌、謠言。

的優勢外，還擁有發佈訊息的優勢，故一般來論公司派是屬於第一線的買盤，當有利於股價發展的事件發生時，處於最有利位置的就是這些「核心」，慢慢的才會擴散到核心周圍，**等到需要一個出貨的市場時，應該有的市場熱度會被炒開來**，此時也是該股被討論的最熱烈的時候，高檔也出現在附近，明牌成了人盡皆知的熱門股，以上是一個簡單的過程，當然夾雜過多的細節部分不在此討論。

用了兩段做說明，就是要各位明白不會有這麼好的運氣讓你每次所聽到的都是第一手的消息，對於太容易取得的訊息，最好是保有戒心，尤其是喊出目標價的時候。

要辨別這種明牌陷阱可簡單觀察該股是否已歷經大幅度的漲幅，若答案為是，則假訊息、錯誤訊息的機率大增，最明顯的是高檔量能退潮，代表後繼買盤已經無力再推升股價向上，光是這點就可避開多數的明牌陷阱。

另一種情況，股價雖處在低檔，但成交量大幅擴增後卻無法推升股價，這表示特定人士間的籌碼轉換，持續進行太久則可疑程度越大，**並非每檔個股想要作價拉抬就能辦到，還要考慮大盤的客觀環境、籌碼分佈狀況等，還有發生在特定人士間惡意的倒貨，**都會使得股價不振，得到明牌訊息時股價在低檔區，仍須考慮這些因素，因此，關於明牌是離得越遠越好，用量價關係的判斷取代無知的盲從。

關於價格的迷思

不論你切入投資的角度為何，或使用任何的投資方法選股，影響報酬率的最大關鍵因素是價格，包括進場的成本價及出

場的價位，所有的報酬計算都從這兩個基礎而來，它的結果是重要的，但在操作的過程中，越是忽略它越好，因為進場價與出場價的計算，最容易干擾交易中所需要的決策客觀性。

　　舉簡單的例子，買進一檔個股的進場價為100，另設停損為97，截至目前為止都沒錯，是一筆承受合理風險的交易，假設股價跌破所設的支撐97，這時最需要做的就是迅速出場，但一般的情況下投資人會受成本價是100這個觀念所困擾，並希望能夠賣在至少100.5平手續費出場，畢竟帶著虧損出場是不容易做到的，雖然你早已設了停損價，但實際的執行卻難以決斷，價格雖可能反彈到99的價位，但多數人必定還捨不得賣，因為賣了還是小賠，但若成本價是98，要賣出就輕鬆多了，獲利的出場永遠比虧損的出場容易做到得多。

　　問題就出在這裡，你的成本價影響了你的客觀判斷，期望每筆交易都至少是打平手續費出場，不幸的是很多的虧損都源自於此，**第一次的錯誤是選錯了交易標的及多空方向，第二次的錯是不能阻止前個錯誤繼續擴大**，就是因為捨不得賠，就是因為太在意成本價，想每筆都賺，才會造成後續的套牢或被軋空。

　　若要克服這種心理障礙，最好的方法是忘了進場成本價，並非全然的忘記成本，而是要在做出場的決策時，不能有一絲一毫受到成本觀念的干擾，完全要由市場的狀態來決定出場與否，可能的話，用旁觀者或空手者的心態做出場的決定較為客觀，因為只要你一有了操作部位，知道了成本價，就很難保持客觀，此時心理完全是由「期望」做主導，而通常浮損越嚴重，「期望」也越深，虧損也越嚴重。

　　以一銀這檔個股說明「成本價觀念」，其對於實際交易所產生的影響。

　　該股於88年6月間曾做一次失敗的攻擊突破，攻上L1後隨

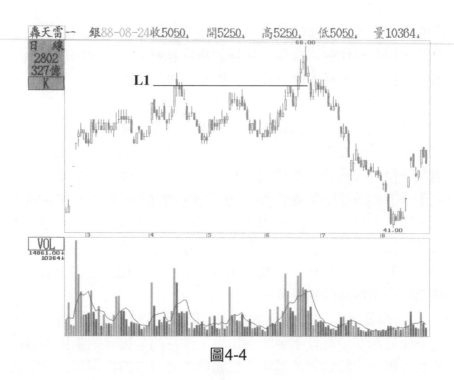

圖4-4

1.就量價的關係來看，向上突破L1後再次跌破，代表原先的突破失敗。

2.這種走勢牽涉到兩種操作心態，第一是停損的觀念，不論原來形態是多麼完美，一但出現不利於倉位的走勢，就一定要出場，本例突破後市場上幾乎全面看好，但破線後股價反而跌了三成餘。

3.第二是成本價對於持有心態的影響，假若執意一定要獲利或打平手續費出場，可能就會失去最好的停損機會，通常最初的停損其代價都是最小的，絕對不應該讓成本的觀念影響決策的方向。

即再次跌破，失敗的突破成立，客觀的趨勢操作者可從容於趨勢反轉、形態遭破壞後賣出，但若買在較高的價位，而又計較出場的價格，可能就會因為一兩檔的差價而未能全身而退，事後若又沒有停損策略的執行，則承受超過30%以上的跌幅。

　　舉例某人在跌破L1的62元處決定賣出，兩種買進成本60元或64元的不同則會造成賣出時的不同心理狀態，買60元的賣出當然比買64元的賣出容易執行，但走勢並不會因為某人成本價不同而有所改變，忘了你的成本價，該出場時就該出場，不要為了想打平而多掛一兩檔的價位，而造成日後更大的虧損。

另一種成本價的陷阱

　　做多時希望買到低價，做空時希望空在高價，這是人之常情，但有時比較差的進場價反而能夠使你獲得更大的利潤。

　　以連續月份的圖形做說明，88年7月加權指數在8500點之上震盪，現貨的量價早已出現背離的現象，兩國論利空的衝擊只是一個加速回檔的藉口，因為技術面上本已呈現出弱勢。

　　我們以兩種進場成本來比較不同的操作結果，之後你會發現以客觀的心態操作，不受進場成本價干擾的重要性。

　　假設某甲做空一口七月台指於8610，某乙同樣做空一口七月台指於8540，某甲的進場成本顯然要比某乙好，是處在比較安全且有利的地位，之後盤中出現8560的報價，兩人都判斷指數可能出現反彈，而想先退場觀望，以甲的情勢而言要平倉是十分容易的，反觀乙因為還處於浮損的狀況，況且也尚未觸及所設的停損價位，故仍持續留倉，因為獲利出場永遠比虧損出場容易，於是某甲因為擁有一個獲利的倉位而先行落袋為安，乙因為

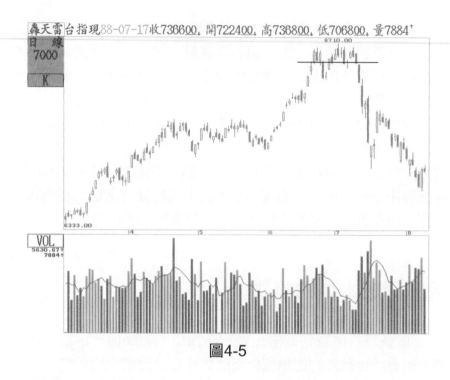

圖4-5

1.檢視絕大多數人的持股組合，呈現虧損狀態的個股數目通常多過獲利的個股，這是人性中難以克服的弱點。

2.處於獲利的情況下很容易就能做出出場的決定，相反的要決定小賠出場就必須要有很大的決斷力，要克服：「再看一下，是否會回到成本價」的心理弱點。

3.常習慣於頻繁的差價操作，或急於短線獲利的操作者，也經常會失去大行情的獲利機會。

4.本例五個月的走勢中，獲利最快的一段就是破線後的急跌，空單若急於回補豈不可惜？

暫時浮損而留倉。

　　隔日跳空大跌，開盤價就是最高點，而甲已經失去了部位，此時要說服他以更低價去建立新的空倉是很難辦到的，這依舊涉及人性的弱點—成本價的觀念，之後甲若沒有於更好的價位進場續空，就會一路目送1600點的利潤隨風而去，反觀乙卻因為留倉而獲得整段完整的利潤，運氣幫忙了他一半的忙。

　　要避免某甲的失誤，就還是一句老話，要讓市場來評斷你是否應該出場，像是這種過早獲利了結的例子，多半都是對於自己的判斷信心不足所導致，獲利出場固然令人興奮，但該賺到大的利潤卻沒到手，反而是一筆失敗的交易，雖然它是獲利的。下次要克服這種衝動時，還是忘了進場價吧！讓最客觀的市場走勢引領你出場，不論是獲利亦或是虧損。

攔截行情的頭部與底部

　　股價的形成，高低點的位置絕非數學公式，或任何預測方法可以計算出來，股價的高低是架構在市場上多空雙方的力量所形成，也就是供需的關係，只要買進的力量持續，股價可以炒得更高，另一方面，只要市場上信心不足，承接意願低落，跌破淨值甚至票面以下的股票也比比皆是。

　　偏偏多數人喜好主觀地預測行情，以及股價的高低點，高低點是由觀察推測而來，而非為預測，錯誤的心態及策略帶來無數龐大的資金虧損，而這些的虧損事實上都可以輕易避開的。

　　「拉回找買點」、「逢低承接」是市場上最常聽到的兩句話，事實上這兩句話也是害人不淺，這兩句話之所以被廣泛地掛在嘴邊，可能是因為太相信這兩句話而造成龐大的虧損而不得不

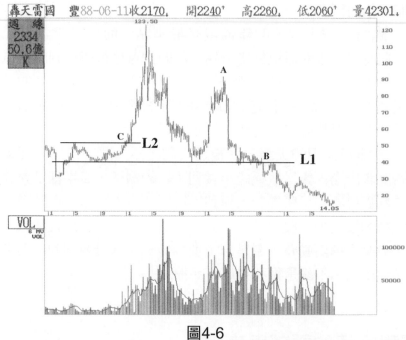

圖4-6

1.在沒有明確的買進訊號出現前，不論股價跌得多低都不應急於
買進。

2.從A點至B點，跌了五成以上又觸碰及前波起漲的低點，很容易
誘使一些輕率的買盤進場，結果股價又跌了近七成。

3.絕對不要嘗試當第一個買盤，就算真是低檔區也未必馬上就能
大漲。

4.順便回顧第一章的重點，在突破，方向確立之後才買進，本例
突破L2的C點，也是標準的買點，此後股價大漲140%。

使人印象深刻。

　　任何一種格局，任何一種走勢都有其相應對的操作策略，若不了解指數及個股所處的相對位置，不論多空走勢都套用同一種操作模式的話，不斷的虧損是必然，差別只在於速度的快慢。

　　舉國豐為例：

87年間由除權前的 A 點到 B 點的價差為50元，而 B 點的位置又是前兩波起漲的大型底部區，傳統的技術分析者會認定是一個有效且紮實的底部區，其具有支撐的作用是沒錯，但並不一定代表是絕對的低檔，僅僅是具有支撐的力量而已。

　　「已經跌深了可以進場買」、「跌了這麼多應該不會再跌了」、「已經到前波起漲的低點，這裏就是低檔了」，諸如此類的言論及分析方法是最常見的，但股價依然持續下跌，根本沒有買進訊號的出現，怎能定義就是低點已經出現？

　　重要支撐L1跌破後，股價從40元處跌到88年8月低點14.05元，其間又跌了將近70％，再回顧第一章及第三章的觀念，首先，在沒有買進訊號的情況下，根本就不會進場買進，因此也不會有後續的困擾，那麼就算已經買進，也可依循第三章的模式停損出場，不會使虧損再擴大。

　　低點的確立必須要價格的上漲至少越過前波的反彈高點才算成立，一味逢低承接，甚至加碼攤平都是快速終結操作資金的方法。

　　相對於之前所討論的攔截底部，另一種常導致虧損的作法就是攔截頭部，隨著股價的上漲而猜測頭部做空，造成軋空的發生。

　　股票的買賣牽涉到人性心理，只要有心理層面的介入，通常都會發生非理性的結果，個股的超漲超跌就是在非理性的買賣行為中產生，只要買方仍存在，再高價還是有可能成交；而只要

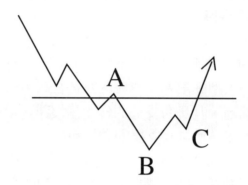

圖4-7

下跌不再創新低(C>B)，而隨後的上漲要超過前波反彈高點A，
才能認定低檔的出現。

潛在賣盤未出清，再低價還是有可能出現，雖然你很理性地，很專業地，很學院地用一些數據計算出個股的「合理價值」而進場買進，但股票在空頭走勢中仍持續下跌，而且還遠低於你認為的「合理價值」，你被套牢了，或是你放空一些你計算出「價格」高於「合理價值」甚多的個股，但「價格」在特定買盤不斷介入的情況持續推高，你又被軋空了。

「期望」不同於「事實」

　　舉台鳳為例：

87年初股價在買盤不斷及多項利多發布的情況下，股價節節高升，由低檔90元附近起漲，除權後再創新高價257元，和當時其他的個股走勢相較，走勢可謂是相當兇悍，而這段的漲升過程中，許多嘗試尋找或預測高點的空單都遭受到極大的虧損，固然以長線來說，股價會回到合理的價位，但空單能熬這麼久嗎？軋空過程中包括資金及心理的兩種煎熬，另外空單可能受制於外在因素，必須強制回補。

　　以本例來說，空單在除權前是全軍覆沒，除權後也耗了一個月餘才開始下跌，一般而言，會在上升趨勢中做空者，就和在下跌走勢中不斷買進者相同，都是逆勢的操作，逆著做，吃力不討好是一定的，不論你多麼不認同該股價，都不應該在漲勢的過程中因看不順眼而做空，此舉等於是攔截行情的高點，猜測頭部，這點和不斷逢低承接一樣，會對資金造成極大的傷害。

　　先以圖4-9圖示說明一個安全空單的進場時機，意旨是再次提醒勿掉入在上升趨勢中放空的陷阱，試圖猜測走勢的高點。（空單的操作技巧還涉及其他因素，後面章節會特別討論）。

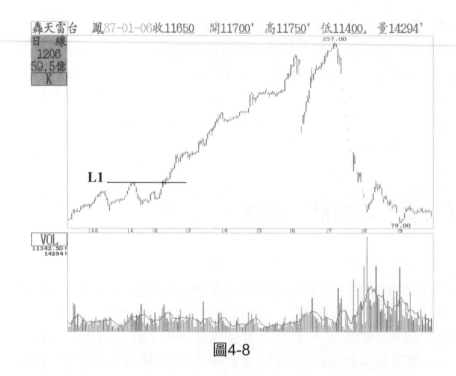

圖4-8

1.相同的模式,股價在突破關鍵價位後大漲,沿途都未曾出現賣出的訊號。

2.不論你認為其股價再不合理、沒有基本面支撐也好,這些都不是重點,重點是只要買盤持續介入,就會不斷推升股價,就好比當氣球還沒有吹破前,千萬別以為不能吹得更大。

3.87年除權前,空方遭強迫回補全軍覆沒。

4.當某些個股的走勢受籌碼因素影響太大,而不能依圖形走勢來正常解讀時,除非能掌握正確的訊息,否則都宜避開,要打有把握的仗,這類的個股以純欣賞的角度看待會好些。

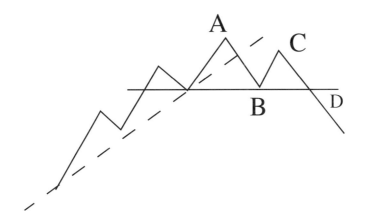

圖4-9

安全的空單進場點解析如下：

1.高點A出現後的回檔跌破虛線所代表的上升趨勢線為警訊。

2.隨後反彈的高點C無法越過前波高點A。

3.再跌破前次回檔的低點B則形態大弱。

4.D點跌破後始為安全保守型空單的進場時機。

　　採用本益比、**盈餘**等的基本面資料，透過種種的公式估算一檔個股的「合理」股價，這是目前多數人所採用的一套推測模式，但十個分析人員，所得到的答案可能就有十個。

　　各位必須了解，除了這些大家都拿得到的公開數字外，影響股價變動最大的因素是投資人的心態，從來就沒有一種模型或公式可以預測每一個投資人的想法及意念，事實上這種推測模式已經摻雜太多先入為主的觀念，再者，假若股價真的這麼容易就可以用公式算出來，為何多數的投資人（包括法人機構）都無法達到年報酬30%的標準？甚至多數的績效要遠遠落後大盤。

　　最常聽到的觀點像是：「某某個股上半年賺X元，下半年預計賺X元，股價應有X元的水準」，「某某個股盈餘僅X元的水準，目前本益比嚴重偏高」，「某某個股獲利穩定，目前本益比偏低，股價嚴重被低估」，諸如此類的言論，股價的形成就這麼單純嗎？你「覺得」，你「認為」股價應該怎樣就會怎樣嗎？我們來看幾個例子：

　　精英在87年及88年7月分別發動了兩次兇悍的攻擊走勢，其模式也是依循第一章中所強調的關鍵，股價在創新高後力道最強。當時該股的大漲曾讓許多市場人士頗不以為然，尤其是87年10月由14.4元上漲至63.5元這一階段，誘使許多的空單進場，成功地主導了一段軋空，許多以「基本面不佳，股價、本益比偏高」的理由進場做空者，全都鍛羽而歸，所受的傷還是重傷。

　　股價的運動、高低，摻雜了太多的原因，基本面的題材僅僅是其中的一項，許多特定的買盤並非會因為基本面的因素而買進，但只要買盤一大增，股價就會被推動，這個過程會顯現在量價關係之上，以本例來論，87年9月11日當週收盤，以85500張之大量收長紅，就至少是代表止跌的訊號，此後突破L1，即為比較確立的買進訊號了。

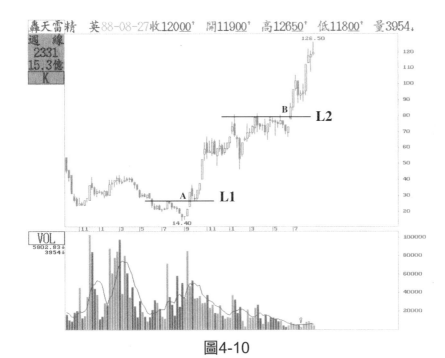

圖4-10

1.股價的分析方法何其多，但最關鍵的一點仍是衡量多空力量的消長，才是最根本影響漲跌的原因。

2.同樣是出現兩次標準的買點，L1、L2突破後立即大漲。

3.不少以基本面作切入的分析建議，非但沒搭上多頭的列車，反而逆向操作遭到軋空，該走勢堪稱87年中最成功的軋空股。

4.單純的財務報表、會計數字都是死的，股價若只是，或一定會依其反應，股市投資豈不太無趣了？供需的力量才是影響股價的真正因素。

兩種操作方法，優劣立見，本書所強調要以客觀的心態，讓市場自行表態，絕對比盲目或擅自預設立場的分析紮實得多，本例中從多空的判斷及所獲得的報酬率，就是最好的詮釋。

再看一例：

88年5月，華升週收盤價突破39元後，一個整理達一年之久的大型底部區終告完成，配合當時盤面背景對電子股有利的情況下，這種形態的個股正是最佳的買進標的，其形態也是第一章中所強調的重點，量價同創新高，其後的兩個月，股價漲幅達100%，又是一次買在最有效率買點的最佳例證。

相反的，純粹以本益比等等的觀念選股，就不容易挑到這檔多單，因為一開始就被框框給限制住了，怎麼看都不是合理的股價，不論你如何地不認同，但股價就是會漲。

因此千萬不要對股價有著一廂情願的想法，股價是投資人的買進、賣出行為所創造出來的。

用以上精英、華升的例子和「績優股」比較：

長興是化工股當中的績優生，但比較當時同期87年10月~88年5月間的買進者，必然不容易獲得太大的利潤空間，其股價一直維持在33元~55元間震盪，雖經一次除權配股，但整體而言獲利空間十分有限，進出場時點錯誤甚至是帶者虧損出場。

買進一檔幾乎是公認的績優生結果是如此，同時期做多業績不怎麼樣，甚至虧損的個股卻獲得豐厚的利潤，其間的差異就是客觀的心態或一廂情願所造成。

絕對避免股價「應該」是如何如何的心態，不論你認為它「合理」與否，它是市場上的報價，是透過買賣程序完成的。

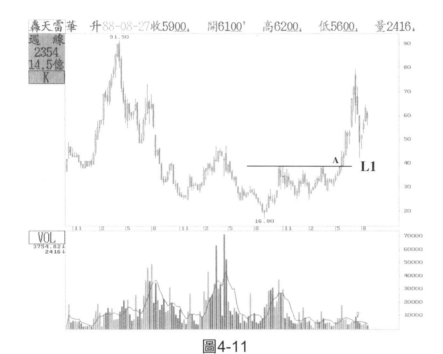

圖4-11

1.又是標準的買點出現在A處，這是一年來首次出現的買點。

2.平日不需浪費太多的心神在無意義的走勢上，盤整期既然沒有大的獲利空間，不如保留實力只在最關鍵的時點出手。

3.出手買進後隨即大漲，才是贏家本色。

4.當時該股並無特殊題材，市場所認知的基本面也乏善可陳，但股價自突破後上漲了100%。

圖4-12

1.就當時的各種基本面資料，及盈餘狀況顯示，長興都要比精英、華升等個股來得具有優勢，但其股價的表現卻是讓人失望的。

2.股價並無明顯的趨勢可言，隨勢沉浮不具有大的操作空間。

3.配股情況良好，買進固然使人安心，但最實質的差價回饋並不和績優股與否有一定關係。

4.買盤的推升力量才是做多獲利的最大主因，否則任憑如何績優都是枉然。

對於最高點、最低點的一廂情願

股價最高點與最低點的出現，必定是追價氣氛達到最濃烈或市場最暗淡的時候出現，都是在極端不理智的情況下才會出現的報價，形成了歷史高低點。

在操作過程中的心理弱點，會期望買進在最低點，也正因為這種心態，太過在意股價是否會拉回再買進，常自己斷送掉好的買進時點，為什麼會有這種心理上的障礙？因為操作者會一直回想著最低點的報價，那個數字會印在腦子裏，好像沒買到那個價位就是吃虧了似的。

而賣方的心態也是一樣，股價出現過一個波段的高點，隨後開始拉回後，人性的弱點會貪婪的告訴你那個點是你應該要賣的位置，而你心中也一再盤繞著那個最高點的數字，好像沒賣到那個價位就捨不得賣出似的。

以兩個簡單的例子，點明最高最低點所帶來的心理負面影響，事實上買在最低、賣在最高也非為正規的作法，運氣的成分佔了九成以上的因素，試想那些價位也才成交了幾張而已。

如果還執意於買最低，賣最高的話，再試想那些賣在最低，讓對方買到最低；或是那些買進在最高，讓對方賣在最高的人，想想這些人心中懊悔的程度，可能就會好過一點了。

以宏電說明買最低、賣最高，並非是獲利的關鍵因素：
單以88年6月初的多頭走勢而言，突破Ｌ１後買進在Ａ點54.5元，一個月後跌破Ｌ２點81元後賣出，整個過程只簡單歷經一次買進，一次賣出指令，沒有買在最低Ａ１點45.1元，也沒有賣在最高Ｂ１點86元，但波段中80%的利潤可以輕鬆獲得。

操作過程中只要專注在你可以獲得的合理利潤，要求買最低，賣最高反而容易失去原本輕易可以達到的利潤空間。

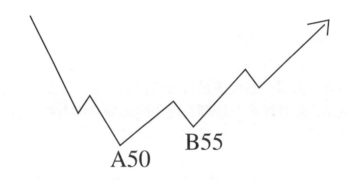

圖4-13

1.本例A點為該波段的最低點50元，假設一心要買在最低價的話，很容易會失去原本是屬於獲利的機會。

2.股價若真屬強勢，根本就不應該再拉回到先前的低點位置，但小型股或人為操控色彩濃厚的個股另當別論。

3.回檔的低點B55元出現後，就是新的支撐位置，此時若再拉回至A點，反而不能買進了，因為多頭行進的結構已被破壞。

4.「買不到」的個股總是特別強，而買不到大多是因為買不下手，而非真的買不到。

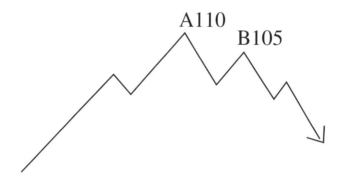

圖4-14

1.本例的波段最高點A為110元，一旦股價開始回檔想賣出了，就直想著最高曾經出現過110元的價位。

2.堅持要賣在高點，很有可能失去原本所擁有的獲利幅度。

3.反彈高點B105元出現後，股價繼續向下修正，此時B點已變成為新的壓力位置，股價有機會再反彈接近B時就要捨得賣出了。

4.「賣不掉」的藉口只適用於跌停鎖住之時，一般的「賣不掉」只是因為少賺了，或還沒打平成本價捨不得賣出的藉口。

5.順便一提，最大的虧損通常來自於「賣不掉」這個藉口，一心惦記著最高價的數字，從賺錢抱到賠錢的比比皆是。

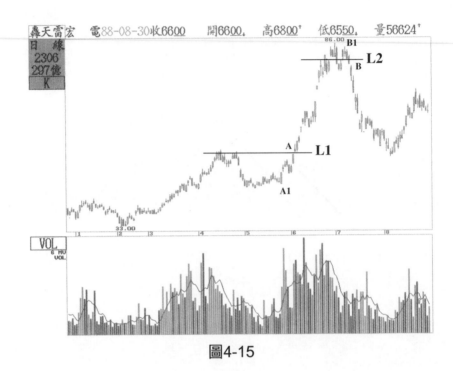

圖4-15

1.操作的精髓是獲取任何你應得的利潤，而且是經過風險評估後的利潤，不屬於你的部份，就讓它去吧！

2.不求買在最低，也不求賣在最高，一段完整的走勢做滿七、八成都已經算是合理的利潤了，如圖由A→B，客觀、單純而簡潔地獲利。

3.當時股價漲至80元之際，市場中也傳出目標為三位數100元，但藉由高檔量能的退潮，及股價跌破L2來判斷，就輕易的可以避開下跌的風險，長期投資嗎？留給退休人士吧！或者當作套牢的藉口。

4.若股價會再度轉強，絕對還會出現另一次的買進訊號。

　　以本例來論，A點54.5出現後，希望買進在Ａ１點45.1元的投資人，則永遠等不到這個進場點，假設真的拉回至Ａ１點45.1處，反而不能買進了，因為多頭攻擊失敗才會再次拉回至起漲點，雖然此時價格比較低。

　　在賣出的部分，B點的跌破代表形態已轉弱，此時還掛念著Ｂ１點86元的最高點的話，則原本的獲利又回到原來的進場點了，白做一趟。

　　克服潛意識中想買最低，賣最高的偏執，專注在屬於你的合理利潤空間，長期所累積下來的利潤，會比在買最低賣最高圈圈中打轉要高得多。仔細想想你身邊那些過份計較價格的投資人，其績效是否甚為平庸？

第五章
永遠注意市價格呈現的事實

如何避開基本面及消息面的陷阱

真的錯了的時候就真的是錯了（形態的改變、多空的消長）

傳統投資觀念的束縛

　　基本面的分析似乎成了近來分析方法中的顯學，廣大投資人常常見到、聽到的像是：「XX原料報價上漲，股價年底前應該有創新高的機會」、「XX公司產能持續增加，預計市場需求殷切的情況會持續到第三季」、「XX開發案的實行，對於明年度EPS的貢獻可望達到3.2元」、「某某大戶開始大力買進XX個股，預期目標價是100元」，這類的傳言都很聳動，也被廣泛的流傳，但這些訊息對於操作的實質幫助有多少？

　　基本面因素是長期影響股價高低的主因，但並非是絕對，而投資人在運用種種基本面數據所遇到的難處及障礙大致為：

　　1.所得到的資訊、基本資料根本就是錯的，或是有所遺漏，導致計算出來的最終結果也是錯的。

　　2.就算基本資料正確，推論也正確，其股價可能已經先前反應過了。

　　3.推算正確，但基本面的優勢最終未能反應於股價之上。

　　以上三點的真正的問題徵結在於：

　　1.股價絕對不是用繁複的數學公式就可以估算出來的，如果真有一套公式是「定理」，那麼大家推算的價格會準確一致，大家的看法都一樣，股市還能交易嗎？當然是有人買有人賣，看法不同才能交易。

　　2.有心人士可以利用數據來玩弄像是財務預測之類的數字，過多的資訊反而容易被誤導，特別是管理內線交易成效不彰的市場。

　　3.太過依賴基本面數據，把自己框在小圈圈裡，法人機構比較容易落入這種泥淖之中，若股價和自己估算有差距還會固執地認為「股價脫離基本面」。沒有人規定股價一定會反應基本面

的，除此之外還需考慮及大盤的多空強弱，以及所處類股的強弱，這些因素也會影響個股的表現空間。

以上討論的種種觀點，都是在禪述一個主題：不要被基本面訊息或消息面牽著鼻子走，反而是要注意盤面價格跳動所傳遞的訊息，以創造卓越的投資報酬，有太多的例子可做為實例說明。

買進的「好股票」為什麼不會漲？

裕隆在85年~88年中旬的週線圖：

股價在86年中至87年中之間，達到最高峰，在這段期間內，幾乎所有的報導、評論都給予該股極高的評價，坊間也一片看好，而看好的理由不外乎是盈餘、獲利大成長，基本面持續看好等等因素，許多保守的投資人也認為這是一檔獲利穩定且安全的好股。

激情過後，股價在87年6月 A 處跌破L1，從最簡單、最基本的形態學上做判斷，此時是要和多單說再見的時候了，再多的利多也無法持續將股價維持在高檔，偏偏市場上有關基本面盈餘之類的題材在此時炒得最熱，多數的投資人很難不受媒體的影響而能夠毅然決然明智地選擇賣出，尤其是在高檔受消息面影響或利多報告建議買進的投資人，更難接受這種事實，他們買進的是基本面和盈餘表現都不錯的個股，為何股價表現是如此，才一買進就套住，「再看看一陣子吧！」是普遍的心態，結果股價開始進行無情的修正。

順便回過頭來看85年11月在 B 點突破L2的訊號,所代表的是長線整理完畢後的強烈買進訊號，之前經過長時間的打底，這張

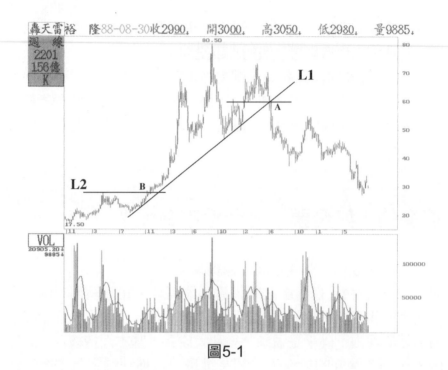

圖5-1

1.長達三年半的週線圖，清楚看出一個完整的走勢過程，兩個最重要的訊號在A、B兩點。

2.跌破L1處的A點，就代表多頭漲勢就此結束，不僅跌破原始的上升軌道，整理區的下緣也同時跌破。

3.此時任憑再多的利多，媒體公佈的訊息如何地看好，都不能阻止跌勢的開始，可惜多的是聽利多在高檔買進套牢的投資人。

4.反觀在突破L2後的B點處，當時市場中並沒有太多關於該股的利多傳出，但股價也是在突破整理區的上緣後開始大漲，買該買的點B，賣該賣的點A，利多與利空皆不能干擾你的決策。

長達四年的週線圖中，哪一段的漲幅最快？當然是突破L2後的攻勢最為兇悍，哪一段的跌勢最快？也是跌破L1之後。

只要專注於盤面價格所反應出來的事實，加上客觀地評斷整體的趨勢，買在波段的起漲區，賣在起跌點，一點都不困難，只是單純的兩個訊號而已，尤其是當股價跌破L1後，**任何再專業，招牌再大的專業機構所做的基本面報告都一樣，可以不予理會**，當那些人還拼命按著計算機試圖找出合理價位，或估算下一季盈餘時，你早就輕鬆地賣出了，順便考慮是否順勢做一趟空單下來。

事實上這個走勢過程，代表著絕大多數的實際例子，投資人過分專注於基本數據、各項經濟數據及媒體報導，反而忽略最真實的聲音──趨勢方向和價格波動，因而造成一次又一次的傷害，因為在頭部區所聽到的利多消息通常是最多的，不經過濾就會成了他人的出貨工具了。

順便看一檔同類型的個股中華汽車，以過濾掉個別股因素的質疑，証明前例裕隆汽車的走空，並非是單一個股的問題，而是涉及整體大盤，以及所處類股強弱的整體判斷結果：

相同的模式，一再重演，在突破重要壓力區之後（L1及L2），其上漲的速度是最快的，也呼應了第一章所強調的攻擊型買訊。其後股價持續在高檔進行震盪，**錯過A、B兩點的買進機會後，事實上也都不曾再出現過較有意義的買進訊號。**

直至長期的上升趨勢線L3跌破後，正式宣告長達近兩年的多頭走勢結束，但當時各種媒體所出現的相關利多消息，幾乎都集中在75元以上的高價區傳出，像是預估盈餘的成長，營收創新高等等緒如此類的消息，都大大增加了投資人持有的信心或刺激了潛在買進的誘因。專業投資機構的基本面研究報告或許沒錯，但股價卻是已經反應了一大段，在強調研究團隊，**一份又一份精**

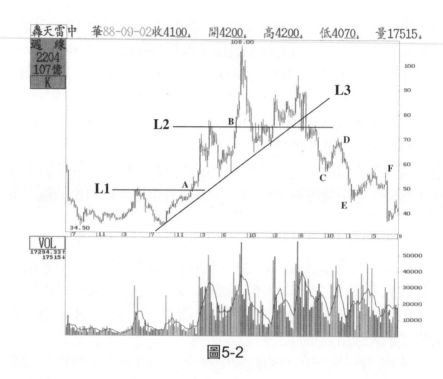

圖5-2

1.股價總是在歷經一段漲勢後的高檔區，傳出最多的利多訊息。

2.同樣的可以藉由客觀的形態判斷，避開這些的風險。

3.同樣的形態一再出現，突破L1、L2後的A、B兩點，都是最佳的波段買點，而利多不斷之時，股價卻跌破L3長期上升軌道，此後再也沒有任何的買進訊號，而股價也再也沒有出現更好的表現。

4.C→D E→F的漲勢，僅僅是下跌過程中的反彈而已，並非好的做多時機，因為所能提供的潛在獲利空間太小了，股價也尚未脫離下跌的格局中。

緻的研究報告中都含有許多隱性的風險夾雜其中，透過量價變化的觀察，很輕易就可以避掉這些風險。

　　還是需再次提醒：股票本身並不會因基本面大好或有利多的出現就能夠大漲，重點是在於當這些訊息傳開來後，所有的投資人，市場參與者對於這些訊息的反應，當訊息經過過濾，決策後轉成買進的動作時，買盤進場推升才會將股價推高。沒有人買進，股價怎麼漲？利多消息和基本面良好只是眾多題材之一罷了。每一張的走勢圖都清楚說明了多空力量的強弱與投資人的心態，這些才是過濾市場雜訊和謠言的工具。

基本面很好，所以隨時都可買進？

　　近來投資人對於基本面的了解程度日益增長，各種傳播媒體也教育了許多基本的投資概念及選股策略，但過多的預測數據及繁複的計算公式，對於實質的報酬到底又有多少貢獻，是一個問號，試想攤開來的報表，其數據是相同的，若真有一種完美的公式可以掌握最佳的買進、賣出時機，豈不每個市場參與者都是獲利的？答案當然是不可能。

　　埋首於各項經濟數據、指標、以及各個會計科目的數字，再藉由各種公式不斷試算，這種研究精神是值得令人稱許，但真實世界裏可不是這麼一回事，這些的作法都忽略了市價價格的重要性。價格走勢所形成的趨勢，進而影響投資人的心態，才是影響股價變動的最主要原因，股價並不會因為基本面好而自動上漲，而是因為買盤不斷介入，才將股價推升上去的，因基本面好而買進的理由只是買單進場的原因之一而已。

　　基本面很好的個股，在大盤走空之時也同樣會下跌，同樣

的，基本面差的個股，在炒作火力下，股價一樣能大漲，完全看供給和需求的強弱而定。大盤走空的情況下，潛在的買盤減少，只要出現和以往相同數量水準的賣盤，就會將股價給摜壓下來，另一方面，雖然某股基本面不佳，但在特定目的的買盤持續介入的情況下，很容易就可以消化掉平日的賣盤，股價自然上漲，多留意趨勢及價格的變化，會要比口口聲聲基本面的作法要靈敏的多。

　　以華碩與精英做比較，前者代表績優，基本面佳；後者代表當時市場公認的業績差代表股。

　　華碩87年底的攻勢，自208元上漲至305元，漲幅達46%，在當時的盤勢背景下，已算是強勢的表現，股價自十二月初起，開始出現震盪並且量能在高檔呈現退潮，再對照大盤加權指數之走勢（代表大盤背景，客觀條件），顯示該股在歷經46%的漲幅後已經難再有上揚的空間，雖是公認的業績股，但在高檔所形成的賣壓卻是越來越沈重。

　　在跌破L1的原始上升趨勢線後，表示原來的上升走勢減緩，至少是不可能再有急漲的走勢出現，震盪後再跌破連接前次回檔低點A所形成的L2，這第二次的跌破則意味股價的走勢已具備反轉的條件，此後股價的運動一直無法克服壓力突破前波高點305元，在跌破L3所代表的整理區下緣後，展開了下跌的走勢，最低來到B點248元的價位。

　　在這波下跌修正的走勢中，股票的基本面並沒有改變，但股價卻下跌了近兩成的空間，事實擺在眼前，唯有時時注意趨勢發展及價格的變化，才能有效克服基本面的盲點，在此並非鼓勵投資人做短線，但當一個明顯的訊號出現後，就應積極地採取行動，力求獲利最大，以本例來論，雖說是可長期投資的績優長線股，但藉由客觀的判斷與實際的執行，則可降低原有的持股成

圖5-3

1.在當時的盤勢背景，當華碩尚未跌破L3之前，已經有許多的電子股中箭落馬，也因為如此，華碩吸引了許多避險的買盤，加上該股的持股特性，故能維持股價在高檔。

2.但業績再好的個股，也無法長期與趨勢相抗衡，跌破L3後，在三個星期的交易日內，將先前兩個半月的漲幅跌掉了一半，直到B點處止跌。

3.基本面佳業績好等等的這些說詞，只是在股價下跌時安慰自己的藉口而已，積極地追蹤量價、形態的變化，以調節多空部位，才是成為大贏家之道。

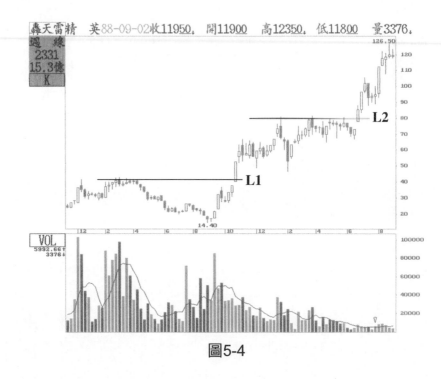

圖5-4

1.該股在87年間普遍被視為績差股，隨著股價的上漲，也累積了相當多因為「股價脫離基本面」而進場的空單。

2.但光從第一章中所提到的觀念，客觀而大膽的操作者，會輕易地賺到突破L1及L2後的多單利潤。

3.就算不買進做多，也絕不會去放空這種走勢強勁的個股。

4.勝敗立見，只要股價仍處在安定的上升軌道上，任何試圖用「合理股價」的學理，而想要框住股價走勢者，其勝算都是很小的，用股價的走勢形態做分析之美也在於此。

本，用意在此。

　　接下來也可對照同類股中的另一檔個股精英，兩者的市場評價截然不同，雖說一般的市場評論，或是傳統的投資評估方法都不看好精英，但其走勢清楚地告訴我們形態上並沒有出現走空的訊號，浮動的籌碼少當然是原因之一，但只要賣盤不出，股價依然能夠維持在某個區間之上，只要沒有資金壓力的問題，是可以維持相當的時間的。

　　無論你用再多的各項數據，再繁複的公式計算，它可能都不符目前的價位，甚至在上漲過程中，就引誘了相當數量的空單進場，空單有其強迫回補的時間壓力，能熬這麼久嗎？永遠要記得，不論股價多麼的不合理，偏低也好偏高也好，它都是市場報價，也就是你要依這個價格進行買賣，不要再頑固地不認同，因為這個報價是所有持有這檔個股的投資人，經買賣程序後所得的結果。尊重市場價格，去除主觀心態，投資之路會走得較為平坦，收獲也多。

培養對利多消息的過濾能力

　　大多數人的投資行為很容易受到新聞性消息左右，見利多便進場做買，見利空殺股票，其消息來源多來自於報章雜誌或其他極容易取得的資訊，假設真的看看報紙、新聞就能獲利的話，那豈不人人在股市都發大財？當然是不可能，凡是越容易取得的訊息越要保有戒心。要達成傲人非凡的報酬率，必然是使用非凡的策略及方法，**平凡無奇的選股及操作策略，相伴而來的也只是平凡的績效**，其中評估消息性利多與利空的能力，是其中一關鍵所在。

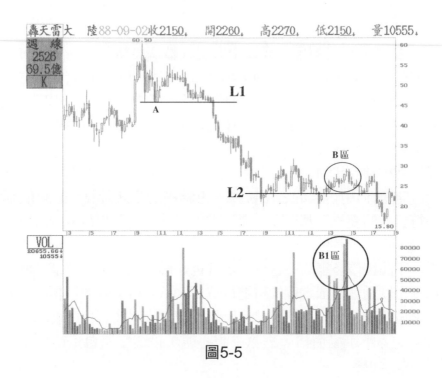

圖5-5

1.A點是前波回檔的低點，跌破後也代表著跌勢的開始，儘管不斷有利多的傳出，但股價走勢早就清楚點明其弱勢的形態。

2.看似打底整理，在B區量大不漲的情況下，股價透露出警訊。

3.本圖應用到第一章以來的許多觀念，若將圖形倒轉過來看，L1的跌破就好比是打底完成後的向上突破，同樣的其下跌速度也是最快的。

4.下跌期間縱有利多的出現，但沒有強勁技術面支撐的情況下，漲勢總是曇花一現而已，因為方向是逆行的。

　　舉大陸工程為例：

自86年中後，一直不斷出現有關於高鐵開發案的利多，這種氣氛一再被營造，造成原本就持有該股的投資人更期待股價的表現，這是人之常情，但從長期週線圖觀察，股價在跌破L1的重要支撐後，便開始進行一段猛烈的下跌走勢，當然在跌破時並不能百分之百預見其下跌的幅度，但當時就形態上來論，是已經跌破前次回檔的低點A，代表前波受到利多刺激而進場的買盤全部都處於套牢的狀態，想當然股價欲反攻必然會遭逢大量的解套賣壓，這種形態的個股，就算不作空，也至少要排除在作多的名單之外。

　　長達兩年半的走勢圖，就只出現這麼一次訊號而已，若能不受市場謠言紛傳，利多聯想的干擾，而執行賣出指令的話，原來的買進者就不用承受長期套牢之苦。「逢低承接」呢？從跌破時45元的價位直到88年的低點15.8，一般買進是如此，更不用提融資買進了。

　　在圖B區中成交量持續放大，但股價並無法有效推升，顯示不安定的籌碼仍多，在L2再被跌破後，更打破當時市場普遍預期底部成形的希望，股價再跌一段，前波已經跌得夠深，跌得夠久，但這次的破線又跌了30%，這個結果非為必然，但也絕不令人意外，因為沿途完全不曾出現過買進訊號。

　　利多消息聽來確實迷人，存有無限的想像空間，但還是客觀地審視手中的走勢圖吧，它代表著股價多空強弱和投資人心態，完完全全真實地呈現在眼前，至於那些傳言，先經過圖形的確認再說吧。

　　再看太電的例子：

有關該股之通訊市場利多題材，也是在股價高檔時開始廣為流傳，一般散戶型投資人全隨著消息面起舞買進做多，總希望隨著

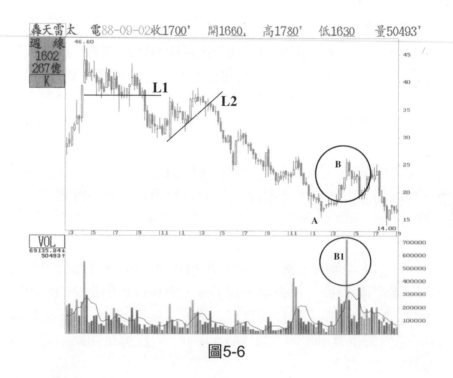

圖5-6

1.在股價還未跌破L1前，多頭仍有可為，但一旦失守後，陷入整理則不可避免。

2.而L2的跌破則更加明確地傳達了這個訊息。

3.在下跌段中偶有利多傳出，但也都無法扭轉技術面的劣勢，股價持續下探，那些聽信消息而買進的人呢？失望、抱怨、嘆息外，就是用「長期投資」的說詞來安慰自己了。

4.外資系統在87年間曾大力買進該股，而一般人總迷信外資的腳步，實例證明任何的資金優勢也都無法和趨勢相抗衡。

利多的發酵賺取差價，甚至持長期投資的心態買進，前面已經舉了相當多的實例，說明股價形態的重要，它才是影響股價發展的最主要因素。

　　同樣由圖5-6作切入探討：**當股價跌破L1的37元處時，多空已易位**，跌破後曾出現近六個月上升楔形的走勢，但在跌破L2後，形態再次地遭到破壞，展開另一階段的下跌走勢，利多猶在，只是股價呈現反方向的運動，從跌破L2起算一直到A點，一年的時間股價下跌近60％，未經過形態的檢視而冒然做多者，資金遭逢龐大的損失，有利多支撐又如何？

　　在B區曾經醞釀的一波多頭走勢，也提早結束，因為股價並未經過長期間的整理，底部區不夠寬廣，無法提供後續的動能。和先前其他章節中所提的一些大多頭走勢個股相比，顯然太電的底部區不夠紮實，像這種大型股，非經長時間整理醞釀，都難有大波段的走勢出現。

　　再看看有著類似背景，同樣題材的遠紡，其走勢是大不相同的。

　　兩年半的長期週線圖，分別在86、87、88年各出現過一次訊號，你現在已經可以明確指出，L1及L2的跌破是賣出訊號，這兩次訊號都讓持有多單者避開下跌段的風險，空手者當然不會在這個階段買進，而積極者做空獲利，相關的利多都是無效的，因為利多無法與趨勢相抗衡，再多的專業基本面研究報告形同廢紙。接下來在88年3月，終於出現了期待已久的買進訊號，股價一舉突破L3所代表的壓力區，一個長達近一年的大型底部宣告完成，如同第一章所述，再一次買在最有效率的點，買進之後立刻大漲。

　　當時太電與遠紡做比較，前者的強弱程度平平，而後者是衝關成功（創新高），此後漲幅接近一倍。沒有小道消息，也沒

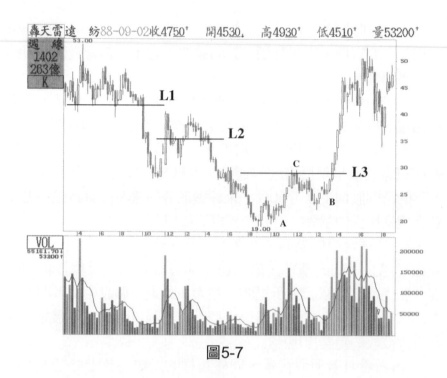

圖5-7

1.在此順便複習第一章以來的觀念：L1及L2的跌破，都是跌破當時大型整理區的下緣，破線後立即大跌，藉由形態的辨認，任由小道消息、利多的喧嚷，都不能影響你正確的執行賣出。

2.該股和太電不同之處，在於B處的低點已經不再跌破前波低點A了，此代表止跌訊號，關鍵性的前波高點C被大量突破後，股價隨即噴出。

3.兩年半的週線走勢圖中，就屬突破L3時的買進最有意義，L1之上買進者也解套了，但套牢了兩年，其間還伴隨著壓力，高手只買突破L3的這一次，輕鬆獲利。

4.若再加上更積極操作跌破L1、L2時的空單（第六章詳述），則獲利更為可觀。

有專業的研究報告幫忙，一樣創造出高水準的獲利表現。

真的是牢抱績優股嗎？

　　越是容易取得的資訊，越會被廣泛的流傳，而當這些訊息被大眾所充份接收後，其有效性也越低，這是最初的盲點。

　　通常在買進一檔配股紀錄良好，或是基本面好的個股時，投資人比較不會有戒心，因為根深蒂固的觀念就是告訴他：「這是檔值得長期投資的績優股」、「買進長抱不吃虧，說不定還可變成傳家之寶」。也就是各種的歷史數據，坊間的傳言都讓其覺得太有把握了，非大賺不可。因此當股價發生不利的走勢時，往往很難說服這些人明智的出場，此舉已經違反了第三章的重點－停損的必要性。盈餘表現再優異，基本面看好等因素，都會隨市場需求變化而改變，今日擁有基本面優勢的個股，不代表永遠如此；今日的盈餘表現、分配水準也不代表未來仍一定會持續，絕大多數基本面轉壞，財務狀況發生危機或盈餘大幅下降的個股，其股價幾乎都會在這些利空消息公開前領先下跌，某些「先知先覺」的賣盤在短期間內大量出現，沈重的賣壓壓抑著股價的上漲，這些的賣盤多來自於特定人士，是可以掌握檯面下消息的特定人士，絕非一般投資大眾。

　　舉三采建設為例：
該股在87年除權前被普遍視為績優生，其配股狀況、水準都是營建股中的績優代表，股價也能維持在55元之上整理，一切看來都是那麼地正常、穩定，而容易使人失去戒心。

　　但好景不常，87年除權過後股價開始向下修正，首先跌破除權後第二週的低點，也就是L1被跌破，在當時來看是創新低，跌破後四週內股價下跌了三成，此後股價維持平台式的整理

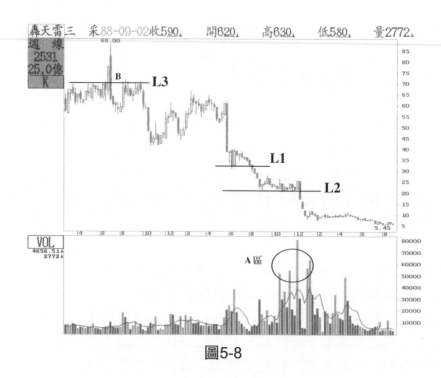

圖5-8

1.三采也曾是營建股中的績優生，配股狀況穩定，但從股價走勢
中，輕易可判斷出不同的訊息。

2.跌破L1及L2，都是跌破了前波的低點，代表股價創新低，再細
看其週K線，剛跌破後其下跌速度也是最快，這時還迷信本益比
等等的投資觀念嗎？

3.跌幅看似不大，但由L1→L2即跌了近四成，而L2到最低的5.45
元價位，又跌了近八成，很難想像，但卻是事實。

4.從這張兩年半的週線圖觀之，跌破L3的B處是最早的賣出訊
號，因為股價在正式突破後又下跌至突破點之下，代表攻擊的失
敗，此後不曾再有買進的訊號出現，沒有了買進，何來的套牢？

約四個月，多頭既無力反撲，但賣方的力量也沒有能力再壓低股價。

光看價格是如此，可是成交量的部份卻出現了不尋常的訊息，A區的成交量異常放大，**依這種量能水準而言，股價應要合理的被推升，但答案是否定的，顯示有特定的賣盤正供應著市場，直到L2正式跌破後，推翻了所有多頭醞釀反撲的可能性，**同樣的，L2跌破後也是創當時新低價，下跌速度也是最快，這種型態上的涵義和第一章中所介紹突破後創新高其走勢最快是相同的。

假如你遵守第一章截至目前為止的操作方法，首先，你絕不會買進這種形態的個股，因為沒有任何的買進訊號出現，就算已經持有了，也會在L1跌破時迅速出場，而L2的跌破已經是最後一個機會了，礙於圖形上的錯覺，你可能會覺得L2的跌破至88年8月的低點5.45沒有太多的距離，但其實是20~5.45元，七成多的跌幅，這當然是驚人的跌幅空間，至於那些抱著「逢低承接」、「拉回就是買點」信念的買進者，都遭逢更大的損失，令人納悶的是似乎這兩句話是最常聽到的論調。

簡單的一張圖，綜合了第一章以來的所有概念，所有投資人的心態、多空角力，也都呈現在這些形態上。用客觀真實的價格變化，取代抽象的預測及過去的歷史數據，幾乎可以避掉至少八成以上的市場風險了。

長線短線兩相宜

一般以持有部位的時間長短來定義長線與短線的差別，並且多數的理論普遍認為長線操作要勝過短線的操作，這個論點大

致上是成立的，但必須避開掉個別股的風險，長線的操作才有意義。意既選對了個股，並且該公司的獲利穩定持續再加上產業具前景，還要財務不具潛在風險，這些必要條件要能夠充分配合，才能用於長線操作，而能夠得到分配股利，複利成長的優勢，回顧過去十年，截至88年第三季為止，符合上述條件的個股無多，其中還不包括中途停止交易、下市的個股。

　　若欲突破這些先天條件上的限制，就必須改採其他的策略，最重要的一點，要以「獲取最大滿足空間」來代替「時間」。換句話說，**決定長線或短線操作的關鍵是潛在的獲利空間完成了沒有，而不是單純的時間因子。**事實上若僅以持有時間長短來區分長線操作或短線操作，未免過於刻板，而欠缺考慮個別股因素這個最重要的關鍵，就好比操作每一檔個股，都把停損價格設定在某一固定百分比是一樣的意思，缺乏彈性。

　　假設某檔個股在買進後的一週內，股價即上漲了三成，而且客觀的獲利目標也已達成，這就是一筆完美的短線交易，因為你已經在短時間內搾取到極大的利潤，在衡量過近期沒有更大的獲利潛能後，適時且知足地出場，一筆合理的短線操作宣告完成，因為該股所能提供的獲利空間，就是如此而已，要以長線來操作也未必較討好，況且也不符合資金利用極大化的原則。

　　反過來說，買進了一檔具有長線波段實力的個股，就應該以較長的心態操作，若因短線的獲利而過早賣出，就是誤把長線單當成短線單來操作，因而喪失了後續的獲利空間，和前例相比較，這就是一筆失敗的短線交易，顯然這筆交易是落入了「時間」因子的陷阱，以致於過早出場。

　　以持有某一部位的時間長短來定義的短線交易，在操作一段期間過後，其獲利狀況必然會被手續費的成本所浸蝕，這僅是假定其交易結果是獲利的，但若交易本身是虧損的呢？那還必須

付出大筆的手續費成本，難怪幾乎所有的短線客無法獲利，因為這種操作風格是以「時間」來定義短線交易，而非「獲利的滿足空間」。

破解小道消息的干擾

主導股價真正上漲、下跌的因素是供需的關係，而為了達成此一目的，總會有許多的題材、財務報告或新聞稿一同共襄盛舉，而每件相關的消息，都會配合著股價所處的相對高低檔位置，而有不同的可信度，原則上來說，歷經一大段跌幅過後，所傳出的利空對股價的衝擊也較小。

凡是越容易取得的訊息，其真實性可信度也越低，**真正的好貨會這麼容易拿出來和其他人一起分享嗎？**可能性很低。加上能真正有效掌握個股股價大方向或直接影響股價的人士已經是少數，故所聽到的傳言多半有誤，一般告訴他人所謂名牌的心態，恐怕只是尋求增加自己更大的持股信心，或想施惠於他人而已，更有甚者，是想利用他人成為自己的出貨工具，通常，**越是強調消息來源的隱密性，所能得到的傳播效果也會越大**，因為人都有希望施惠於他人的潛在本性。舉87年國揚為例：

股價發生暴跌前其走勢呈現幾乎是一直線的整理，九月中旬及十月下旬成交量出現擴張的形態，但股價仍被壓抑著在原地踏步，市場耳語在十月中開始傳開，傳言股價將要開始拉升，但其日K線A配合觀察成交量A1，出現不正常的攻擊訊號，也就是買盤擴增卻無法有效推升股價，接下來的兩週交易日中，成交量顯得活絡，但同樣股價在原地踏步，關鍵性的日K線B，盤中已跌破整理區的下緣，當又爆出近日來的次大量，這些都非為正

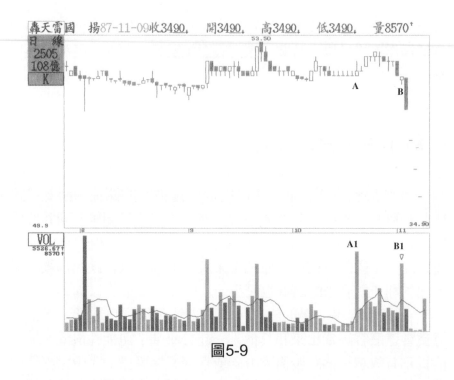

圖5-9

1.該股在出現暴跌走勢前，市場中即一再有股價將要拉抬的傳聞。

2.但A1處的大量卻無法推升股價且留上影線，此後，B1處的次大成交量卻使得股價攢破盤整的低點，這都是負面的訊號。

3.B1處異常量的隔日，K線收長黑，收盤價創近期的新低，自此一瀉千里。

4.通常流傳越廣的消息，事後證明都是錯的，藉由細微量價的變化，都可避開這些的風險，而且還是財務報表中無法事前預警的風險。

常的攻擊形態。

　　當然部分人會判斷這些是刻意的洗盤動作，但以其股本的大小，成交量，以及籌碼在市場上的分布情形，要形成這種洗盤形態的可能性相當小，在當時的背景之下，可能性並非為零，只是機率太小。若其為股本小，籌碼又集中，好控制的個股，那麼刻意洗盤的可能性就會高一些。配合當時市場上的耳語，似乎各路人馬都普遍聽聞該股股價即將上漲的消息，此更加確立消息的可疑程度，因為真正的大黑馬，是不會有太多人知道的，要是起跑前大家都知道了，勢必增加有心人士的作價困擾。

　　不久後果然傳出了重大利空，股價一瀉千里，多得是受謠言聳動而買進的投資人受到無謂的傷害，不光是散戶投資人，連標榜專業研究團隊的法人機構也受波及，但運用簡單且客觀的圖形，配合著心理面的解讀，就能輕易避開這些的風險，所有的多空心態及多空角力的過程，都直接顯現在圖形之中，財務報表及會計數字都無法告訴你這些，假若行，那麼為何以專業基本面研究為訴求的法人會持有這檔地雷股？除非另有隱情，否則怎麼說都說不過去。

　　回想第一章的重點，強調要在股價轉強之後才買進，也是相互呼應了這個重點，在打底期的買進有這種不確定因素在干擾著，等著股價先行表態，也就是買盤先行確實介入了再進場也不遲，買遲了些、貴了些，但安全性更高，方向更為確立。

　　再看一例86年軋空成功的昱成：
在86年9月中旬傳出利空的消息，股價在橫盤一段時間後受到利空的衝擊而下跌，但在成交量A1處以異常的大量吸納了極多數的籌碼止跌，當日K線為實體的紅棒，此為止跌的訊號，此後股價不但越過了利空發生前的高點，還持續地衝高。

　　1.對於當時做空該股的投資人，在股價出現利空而下跌後

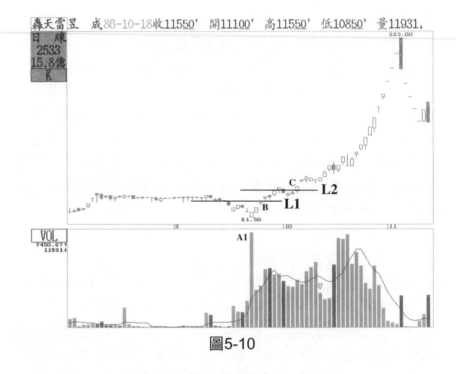

圖5-10

1.股價拉抬前藉由利空以清洗市場中的浮額，下跌數日後出現A1
處的大量使得收盤收當日最高，止跌訊號出現。

2.突破L2時的C點，越過了利空出現前的高價區，是有效的突
破，此時將多單的停損價設在L1的B點，也就是利空出現前的低
價區，以保護多單。

3.儘管多數人對於其股價的大漲頗不認同，但股價就是能藉由籌
碼的優勢而大漲，該股是86年的軋空代表股，使得空單大吃苦
頭，儘管被認為基本面不佳，但硬是給這些空單上了一課。

又能重回起跌點B時，就是很好的空單出場訊號，其必然有強大的買盤在支撐著才能抵擋那些殺出的賣盤，B點是客觀的空單出場點，不論獲利與否，在此也運用到了停損的觀念。

2.股價不僅重回整理區，還創了新高，運用買進的模式同樣可以在C點創新高處建立多頭的部位，其多單的優勢有：

（1） 股本小，籌碼易於掌控。

（2） 藉前次的下跌又洗出了部份的籌碼，其籌碼安定度更高。

（3） 當時具有潛在軋空的優勢。

這些都是當時做多該股的優勢，就算你之前的空單認賠了，也要迅速建立起對你有利的新部位。

3.股價開始一路狂漲，能有停損概念，加上追隨趨勢者大賺，反觀一些未能執行停損的舊空單，以及持本益比過高或股價不合理等因素而進場的新空單，都遭到軋空的命運，股價最後是回跌了，但空單能熬得過那段狂漲的期間嗎？

這次的股價走勢點明了個重要觀念！要藉由最客觀的股價軌跡來過濾利多與利空的消息及其影響性，**利多與利空本身並不能直接影響股價，投資人對於利多與利空的解讀及買賣決策才會影響股價**，而圖形正是衡量多空強弱的依據。

第六章
做多要賺，做空更要賺

將單純的操作提升至具有美感的藝術層次

在重要的行情、轉折中要能實際參與並獲利，
才表示能跟隨市場的韻律及腳步，多空皆然。

反向意見者

　　股價的運動方向，都代表著交易機會，只要有了趨勢，也就提供了潛在的獲利機會，就好像一座寶山在你面前，只等你伸手去取，不怕行情多與空，只怕沉悶的行情無法提供好的交易機會而已。

　　多數投資人的買賣心態，總是寄望發掘到潛力股，之後買進→持有→賣出→實現獲利，以上市上櫃公司企業發展以及經濟成長的角度而言，理應是如此，但有一點必須要強調，除非你是一位打心底做長線的投資人，否則我們必須要留意股價變化所傳遞的訊息，我們所買進，以及影響我們獲利與否的，是「股價」，而非「公司」，一旦買進或持有某一個股的理由不再時，賣出是絕對必要的，此外放空該股，同樣能夠獲利，而且空單的獲利速度通常要比多單要快得多，因為股價開始下跌後，隨恐懼而出現的急切賣出心態，絕對會勝過貪婪的追價心態。

　　在股市中要當一個反向意見者是不容易的，首先要具有不隨波逐流的心性，進而跳脫出市場所瀰漫的氣氛，再以強大的意志力執行你的決策，歷史一再的驗證，當一個趨勢持續進行一段時間，經過一個完整的走勢後，此時的反向意見者通常是對的。

　　進入本章之前，請先培養在適當的時刻，成為一個反向意見者的觀念，簡單來說就是在高檔處捨得賣出，而且敢於做空；在低檔處捨得回補，也勇於買進做多，這些並不容易做到，但越是不容易做到事，通常也是最該去做的事。

多空心態的討論

　　源由於傳統經濟成長、企業獲利的概念，投資人早就習慣於買進→賣出的操作模式，不分股價、指數處在何種階段，或者處在多頭或空頭市場，潛意識裏總想著要發掘一些被認為「股價被低估」的飆馬股，這種不重視市場趨勢的做法，往往在空頭市場中會招致連續性的虧損，不光是一般投資人如此，絕大多數的專業法人機構在空頭市場也一樣損失慘重，所有的研究報告都著重在於發掘→買進→持有，這種缺乏彈性的策略在市場處於下跌階段時，當然只有挨打的份，而對外的投資建議、報告也是如出一撤。

　　習慣性的看多，但相同的策略絕不會適用於所有情況的，前面章節也提到過，散戶投資人要利用本身的優勢，以各種的策略來應對各類型的盤勢，而空單的操作正是本章所要討論的，往後，當多數人還抱著向下滾的火球或討論著如何加碼攤平時，你不但早就在高檔多單出清，同時空單一併獲利中，但記得切勿大肆喧嚷，因為因做空而獲利者，通常是不被歡迎的。

　　以下是號子營業大廳中的一段對話：「××個股被盤勢拖累，恐怕價格要跌個兩、三成」，「沒什麼關係嘛，聽說公司接單狀況還不錯，下季還有可能提高盈餘目標，跌下來再多買一點。」這是極常聽到的對話，聽來似乎也頗有「理性投資人」的味道，但短短兩句話卻透露出其他意義：

　　1.已經曉得股價將要下跌的機率很大，並且是兩、三成的空間，那麼為何不先執行賣出？不論此時是否處於獲利的狀態，終歸就是捨不得的心理因素作祟。

　　2.股價一旦開始起跌，業績的好壞並不會提供股價的支撐，恐慌的心態會導致非理性的賣出，人性不就是如此？至於「跌下來再多買一點」，是標準的加碼攤平，結果常是越攤越平。

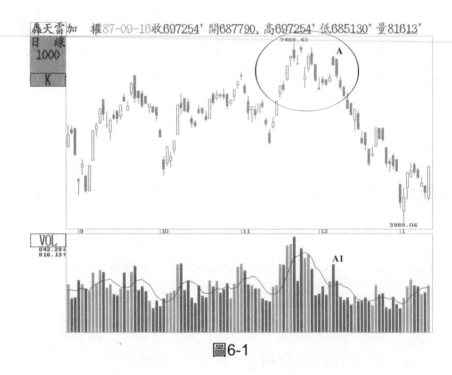

圖6-1

1.87年12月的縣市長選舉，選後結果被市場解讀為有利於漲聲的
延續，事實上在選前就已經是一片樂觀的氣氛了。

2.但就細部的量價觀之，選前曾出現過7488的高點，當時日均量
在1700億附近，關鍵在於A處，為選後的第一個交易日。

3.當天K線為實體的黑棒，開最高收最低，光這點就已經不是好
現象了，而A1的成交量也僅1272億而已。

4.該漲而未漲已經透露出弱勢，隔日一樣是開高走低，黑棒實體
部份更長達143點，下跌時不須大量就足以出現崩跌的走勢了，
高檔量價的背離就是最明顯的警訊，此時扮演一個反向意見者最
需要的就是客觀的判斷。

圖6-2

1.當成交量無法再擴增，也就是新的資金無法再換手時，高點就會出現，圖中以四條直線作為分界，每當量能在高檔退潮，都是起跌的開始。

2.股價有漲有跌，若只選擇買進→持有→賣出的策略，不可避免的會在下跌過程中受創。

3.再以速率來看，下跌的速度又會比上漲時來得快，那麼既然如此，當然也形成另一種獲利的機會了。

3.已經判斷了應該會下跌,未執行賣出是第一道錯誤,此時再配合大盤及所處類股的走勢強弱,在有利的情況下,若未能反手做空該股是第二道錯誤。

人家已經太習慣於買進→賣出的這種交易模式,縱使在跌勢中也是如此,逆著方向做當然輸多贏少,扣除盤整期間後,假設多頭和空頭的時間各佔一半,**那麼這種買進→賣出的策略有一半的時間是錯的**,方法不對,要求結果要正確當然不容易,但整體來論,股價走空的下跌時間會比走多的上漲時間要短,因為下跌段會伴隨著恐懼,而且末跌段非理性的賣出很快就會將原先的漲勢跌完,歷史走勢清楚道盡了人性。

你所不認識的空頭

每當行情大跌時,總會出現類似空頭摜壓、打壓行情的言論,事實上我們從歷史的軌跡中,可以一再的驗證,每一次的崩盤都源由於多殺多,在高檔當所有看好的潛在買盤都已經進場了,哪來的買盤再繼續推升股價?無怪乎行情總是在大家全面看好,一片樂觀聲中結束,等到超過每個人心理所能承受的臨界點,大家競相賣出的結果造成走勢的崩跌,這就是一再會重演的過程,**最初的賣盤影響股價後,造成後續的賣盤出現,引導股價持續下跌。**

反觀買方的力量,買方在行情持續性的上漲走勢中,會因為擔心無法搭上上漲的列車,而容易進場追價,反而是在下跌過程中,比較不敢進場承接,是故當盤面上的買氣一旦退潮後,就難以再次聚集,人氣的變化反應在成交量之上,量能退潮後股價自然就喪失推升的力道,從心理面來剖析股價的循環就是如此,

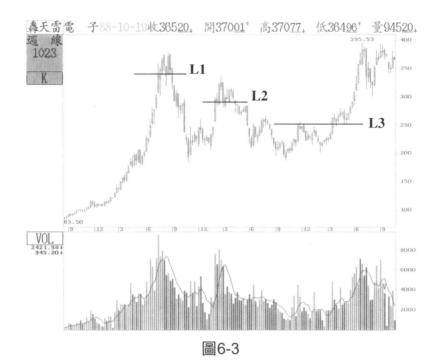

圖6-3

1. 首先說明三個重要的轉折訊號，L1、L2的破線，皆因高檔的量縮，而L3的突破則造就88年第二季電子股的大漲，不同的是成交量穩定地擴增，多空有別。

2. 上漲時憑藉的是氣勢，買盤不斷湧入，因為貪婪的心態作祟，投資人習慣於追高，相反的，跌時買方反而縮手，不敢低買，這也反應了人性的弱點。

3. 比喻成百貨公司的購物，一年中真正好的出手時機可能只有兩三次的換季或週年慶期間而已，本圖例也是一樣，奇怪的是投資人買股票不喜歡像打折一樣地低買，而喜歡高買，無怪乎多數人是虧損的了。

何來的空頭摜壓？都是多頭競相賣出踩死自己的。

　　另一種傳統觀念使人們誤認空單操作的高風險性，就是股價在上漲時並不像下跌時一般有底限，因此會出現持續的軋空，但在此請回想第三章中所討論的停損觀念，只要在觸及停損價時執行停損，除非是特殊因素所造成的無量漲停、跌停，絕對都可以藉著停損的執行讓損失侷限控制在合理的範圍內，即然如此，何來的軋空？會出現這種情況都只是本身不願認輸執行多單的賣出或空單回補所造成，**主動的一方是你自己──操作者本身，而不是被盤勢牽著走。**

空單進場的時機

　　大抵而言，空單的操作需要比較高的敏感度，但獲利的速度會比較快，多頭漲勢的過程中尚需要人氣的匯集和資金的不斷推升，才能有效推升股價，但歷經一段漲幅過後，一旦格局反轉，不需大的成交量，股價很容易陷入崩跌的走勢中，以因此，若空單未能迅速如預期般獲利，通常也暗示著該筆交易失敗的可能性增加。

　　以下是一個好的空單進場點的基本要求：

　　1.股價必須經歷過一段完整的漲幅。曾經大漲過，也代表著累積比較大的下跌能量及空間，也就代表著空單的潛在獲利空間較大。

　　2.避免放空離起跌點已經有一段距離的個股。追空個股的進場價必定不佳，此外又使自己暴露於股價反彈的風險之中，此刻的交易風險利潤比已經不利於你。

　　3.避免放空小成交量的個股。縱使各方面條件都符合，也

不應冒險做空這類個股，因為只要少許的資金，就能推升股價，十分不利於空單，不值得一試，如果要追尋成就感，就少量為之。

4.避免放空高融券的個股。太多人的看法相同，回補的力量反而讓股價跌不下來，假如出現反彈，則舊空單的回補力量將連累新進場的空單，造成舊空軋新空的情況，最好的融券情況是多數的融券已經在高檔認輸回補完畢的。

上述四點都是空單操作的大方向，細部技巧會依圖例分別再加以敘述。

空頭型態的判斷

股價走勢，成交量的變化，將投資人的心態忠誠地表現在圖形之上，有利基支撐，有人氣聚集的個股，股價扶搖直上，相反的，當這種熱潮減退後，籌碼的供給開始多過於需求，高檔就此出現，因為需求的力量不足以壓制過供給，股價也難以再創新高，透過圖形的判斷，除了最基本可以避開追高買進的風險外，更提供了「向下」的獲利空間。

股價的推升是藉由不斷的買進、換手、滾量才會使得股價創新高價（主力色彩較濃的個股則未必），只要股價失去了買進的動能，量能潮減退就很難支撐股價維持在高檔，在此時，**最早買進而處在獲利狀態的買盤，會形成第一道賣壓**，從心理面分析，要執行獲利的賣出要比虧損時的賣出要容易得多，之後隨著股價的震盪、下跌，部分的短線、停損賣壓也會隨之出籠，等到股價下跌了一段脫離高檔區後，失望性及斷頭賣壓會更進一步地摜低股價，此可視為最後一道的賣壓，一個完整的過程提供了相

當大的潛在獲利空間。

　　圖6-4刻意以較清楚明顯的走勢表達，但真實的股價運動中，不可能每檔個股都會呈現這種規律而標準的頭部形態，但只要掌握下列幾個大方向就八九不離十了。

　　1.左肩或頭部（A、B兩點）的成交量，任一邊較大都不是決定性的關鍵，重點是右肩（C點）的成交量不能大過左肩及頭部，因為這代表著多頭仍保有反撲的力量存在。

　　2.這種形態出現後，若左肩（A點）的量大過頭部（B點），則頭部成形的機率更大，因為早在創波段高點B時，量價就已經背離了。

　　3.跌破L1後，只要其反彈無法在收盤價攻過前一波反彈的高點，則跌勢仍會持續，這點可當做長線空單的回補訊號。

　　以下會舉出各種形態的空頭走勢股，先藉由週線的形態判斷趨勢，再以日線圖尋找精密的切入時點，每個個例都有週、日線圖各一張作說明，引導進入空單實際的操作。

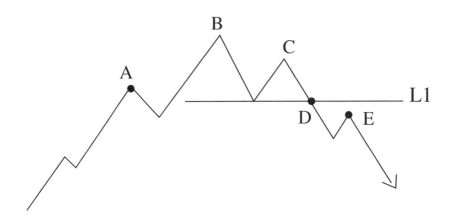

圖6-4

1.A點出現後的回檔，直至再衝高到B點，都還處於正常的上升軌道中，沒有瑕疵。

2.高點B出現後，這次的回檔跌破前次的高點A為警訊，之後再次彈升出現了高點C，但C 點已經無法再越過前波高點B了，一個疑似的頭部隱然成形。

3.關鍵在於L1的跌破。這是股價無法創新高後，又跌破前波回檔的低點，等於是宣告跌勢的開始。

4.破線時的D點為標準的空點，而反彈接近L1處的E點則是第二次的空點。

5.D、E兩處為最安全的空點，但透過更精細的量價判斷可放空在B及C的高點附近，但風險較高，因為當時頭部尚未成形。

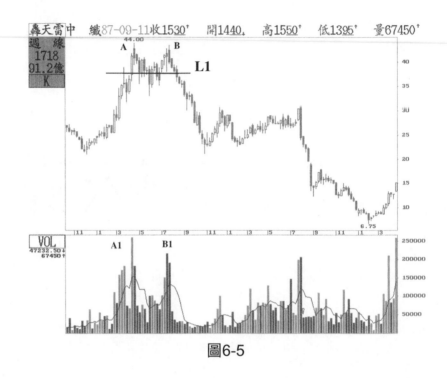

圖6-5

　　1.在歷經一段由22元附近到高點A44元一倍的漲幅過後，量價上出現了破綻，也就是在A點形成後回檔欲再攻之時，B點對照當時的群量B1，明顯要小於A1區的群量，代表著買進力量的減退。

　　2.加上歷經過一段100%的漲幅空間，原本就存在著許多潛在欲獲利了結的籌碼，一旦股價無法再創新高，賣方的力量就會越來越強。

　　3.在跌破L1後，不可避免的跌勢正式展開，請觀察跌破L1後的K線形態，恐懼的賣出心態迅速將股價攌回至起漲點，空單的獲利空間源來自於此。

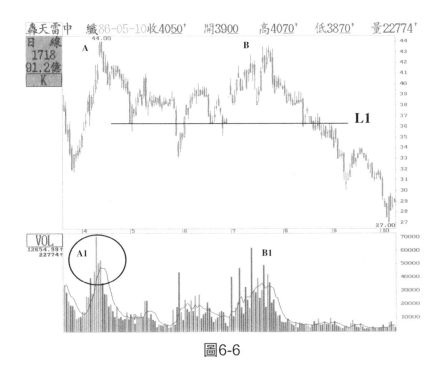

圖6-6

1.參考對照圖6-5，B1的群量是小於A1區的，對這類的中大型股而言，就隱含暗示著創新高的不易。

2.細看B1區的單日大量，只要日成交量在30000張以上，不是K線收長黑就是留下了長上影線，**顯示新的買進力量根本就無法和賣出力量相抗衡**。

3.積極的空單在此時就應該開始進場，若要求更確立的空頭訊號，等到日線的L1跌破時再進場做空亦可，雖然未做到從頭部到頸線這段利潤，但後續的利潤仍然相當可觀，36~24元附近，約33%的獲利。

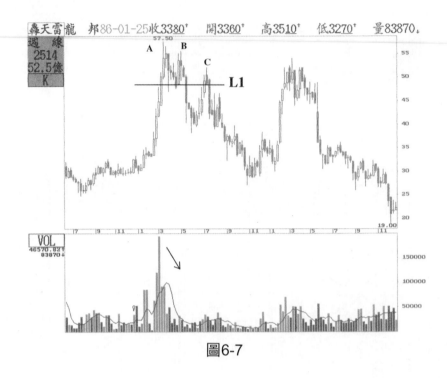

圖6-7

　　1.在一波從30元附近起漲，累積近100％漲幅而出現高點A後，成交量在高檔區開始退潮，虛弱的人氣無法將股價推升過A，而留下了B這另一個高點，警訊已現。

　　2.B點出現過後的拉回跌破L1，為首次的放空時機（回補點參看圖6-8的日線），之後股價強力彈升，甚至越過了L1。

　　3.但等到其創下這波反彈高點C，而後再一次跌破L1後，又出現了第二次空點。事實上光從高點C這波反彈的量能觀察，即知A、B兩點不容易被越過，等到L1二度跌破只是第二次空單進場的確認程序而已。

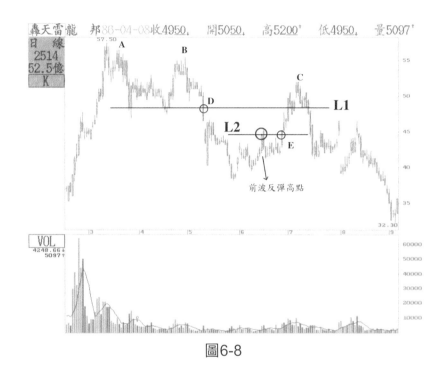

圖6-8

1.從圖6-7判定趨勢後，緊接著從日線尋找最佳的進場空點。

2.在D處盤中摜破L1時，就是第一時間空點，（當時並無平盤下不得放空的規定），這種破線走勢不一定會出現反彈，故有必要先建立一部分的空倉。

3.過了約六個星期的交易日後，在E處突破了L2（前波反彈的高點），此乃回補的訊號，意即先行獲利出場，再尋求潛在的下一次出手時機。

4.若少了先行回補這道程續，則原有的獲利隨即消失，先回補是因為當股價站上了L2，代表了股價有機會轉強，回補是為了保護原有的獲利。

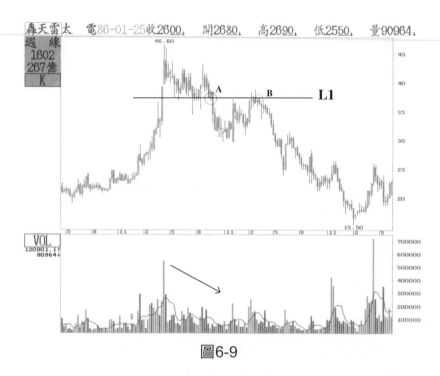

圖6-9

1.搜尋已經累積一段漲幅的個股,尋找在高檔中所透露出一些量價上的破綻,在關鍵的支撐價格跌破後,就是空單要開始獲利的時機。

2.太電在86年初展開由22元附近起漲至46.6高點的一波攻勢,然而在經過超過一倍的漲幅後,買盤已經無力再推升股價,在A點跌破L1後,歷時五個月的頭部正式成形,此為第一次的標準空點。

3.之後止跌反彈曾攻越過L1,但在未經有效率整軍的情況下,很難以越過前波的大型頭部區,底部整理時間不夠是難以構建出大波段走勢的。

4.自B點再一次跌破L1,是第二次的空點,且安全性較A點高。

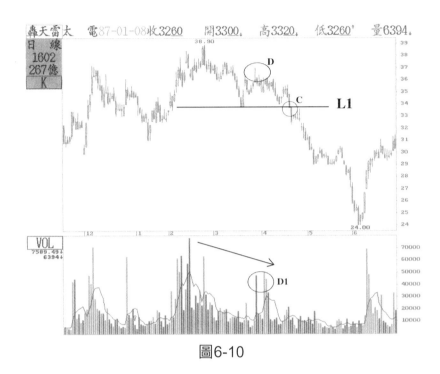

圖6-10

1.這是圖6-9中B點附近的日線形態，在經過週線圖中形態及趨勢的確認後，再從日線圖中尋找最佳的切入時點。

2.L1之上的震盪，量價也是呈現背離走勢，在D1區有較大的成交量出現，但已無法推升沉重的股價，潛在的賣盤是越來越沉重了。

3.於C點處跌破L1後，股價迅速地下滑，所反應的是各路人馬急於賣出的急切心態，**藉由這種多殺多的發生，也是空單獲利最快的時候。**

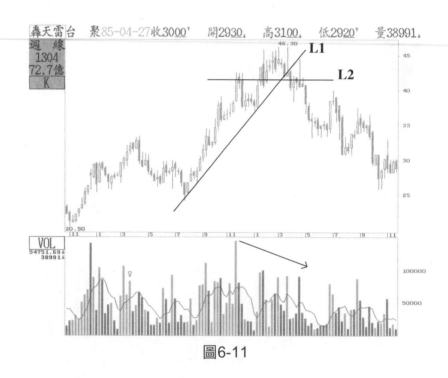

圖6-11

1.同樣的形態一再的出現，首先必須要尋找曾經大漲過的個股，**累積大的漲幅後的意思，就是意味著累積了未來下跌的能量，**選擇作空這類的個股才有較大的利潤可期，也符合必須嚴守的風險 / 利潤比。

2.正規的作法是要確認頸線的跌破（本例頸線為L2），雖然等到頸線跌破後會喪失由頭部到頸線這段的利潤，但此時的空點較為確立，而且安全，因為形態獲得更大的確認，比較適於波段空單的操作，而另外風險及利潤都較大的頭部型空單後續也會介紹。

3.頸線L2跌破前，也可藉由原始上升趨勢線L1的跌破，預判可能行進的方向，而上升趨勢線的跌破即為頸線跌破的先兆。

圖6-12

　　1.相同的程序，從日線來尋找最佳的切入點。

　　2.A1處的大量並無法將股價作有效的推升，有人買進必然也是有人賣出，而交易也才得已成立，多頭的攻勢受到了阻礙，尤其是當長期的趨勢（週線）已經不利於多頭的發展時。

　　3.A點出現後首次跌破L2，之後藉由低量的反彈留下了B這個高點，之後再次的跌破終告失守，空單開始獲利。

　　4.如果空單在出現高點B的反彈中被停損掉，則再次跌破L2時是更好的進場時機。

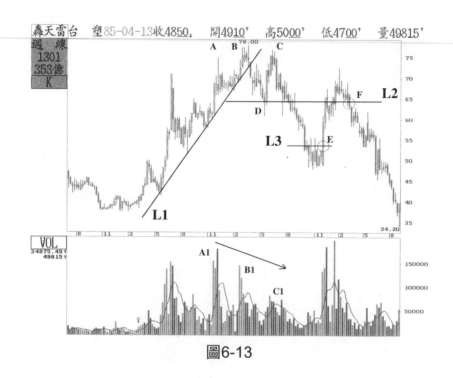

圖6-13

1.股價沿著L1的軌道攀升，直到高峰B出現時，出現了量價上的破綻，B的峰位較A為高，但成交量B1區是小於A1的，**意味提供上漲的火力已經減弱。**

2.之後上升軌道L1遭跌破，依這類大型股的特性而言，並不會馬上大跌，**但至少是漲勢減緩的暗示，**等到C峰位出現時，量更縮，積極的空單此時就可以進場，不必等到頸線的跌破。

3.D點是前波回檔的低點，依此畫出的支撐L2跌破後，頭部宣告成立。

4.E點是帶量長紅棒的突破，為空單回補的標準訊號，但這波反彈在F處再次跌破L2時，一個更加確立的第二次空點又出現了。

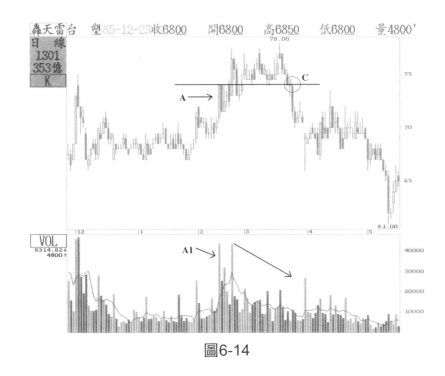

圖6-14

1.這張日線圖中的高檔區，是圖6-13週線圖中B區的放大對照。

2.週線量價的背離同樣也發生在日線圖之中，儘管創了波段新高價78元，但從持股心態上做討論，這只是因為**持有者惜售的心態所造成，並非是實質的追價買進所導致**。

3.注意帶著大成交量所出現的長紅棒A，當量縮的反彈出現過後，拉回跌破A的收盤價時，就是明確的賣出，以及頭部空單的進場點，圖中的C點即是。

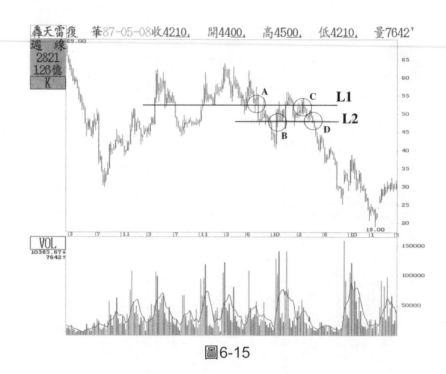

圖6-15

　　1.這是一個較不規則的頭部型態，藉由精確客觀的判斷，仍可從中獲得大的操作利潤。

　　2.在A處首次跌破L1時，是第一次的空點，只要沒有出現回補的訊號，空單可以留倉，但在B處股價反彈回至密集區的下緣，此時就是回補的時點，股價持續反彈的機率大增。

　　3.股價雖曾再次攻回L1之上，但都不是買進的訊號，因為前波的套牢區仍待克服，之後股價無力續彈，又再次於C點處跌破了L1，另一次的空點又出現。

　　4.保守者可等到L2跌破後，在D點時再建立空倉，因為在頭部區時所買進的籌碼，會因為停損或認賠賣出，而帶來強大的下跌火力。

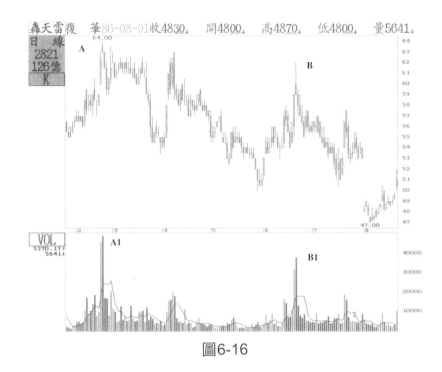

圖6-16

　　1.本圖是圖6-15中C區的放大日線圖，此時已經從週線中判斷出了股價走弱的訊息，正規作法仍是從日線做進場的時點選擇。

　　2.要注意A、B兩點這類的攻擊失敗訊號，衝出大的成交量，K線卻留下了長上影線並且收黑，顯示空方的力道十分強勁，尤其在上檔有層層的套牢賣壓之時。（在此所指的空方並非全然是指真正的空單，而是以原本的多單持有者，正虎視眈眈想賣出者為主要族群）。

　　3.當這類的攻擊失敗訊號出現時，積極者已經可以先建立一部分的空倉部位了，之後頸線跌破是更加確認的訊號而已，比較適於保守者的進場。

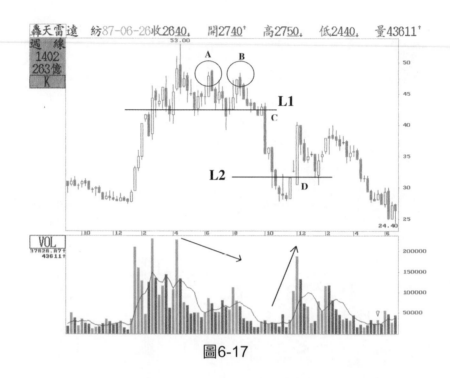

圖6-17

1.L1之上的整理區為一標準的頭部形態，在大漲過後股價無法再創新高，量能潮減退，都是明確的徵兆，**而真正確立的訊號，則是在C點的跌破。**

2.只要一跌破，過去七個月頭部區所累積的賣壓就會一湧而出，形成圖中的一根黑棒，有趣的是，只要股價波動在一定的程度以內（L1以上），投資人都願意忍受，但只要一破線，持有者競相賣出，「價格」才是影響投資人決策的最重要因素，而非傳統投資概念所強調的「價值」。

3.當你死守著你認為有「價值」的個股，但市場卻以大跌做為對你的回應，這樣子很聰明嗎？

4.最遲的空單要在C處建立完成，之後迅速獲利而在D處突破L2後，就是清倉回補並計算獲利的時候了。

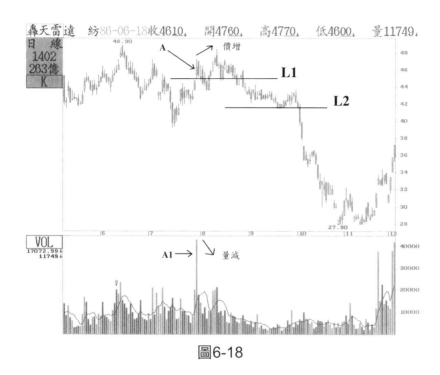

圖6-18

　　1.儘管該股在當時不乏題材，但股價及成交量的變化才是最重要，而且最真確的判斷依據。

　　2.A1所指處，是當時的異常大量，之後出現了量價上的背離，截至目前為止，其已有警示的意味。

　　3.關鍵點來臨：依K線A當日低點所畫出的支撐L1遭跌破時，代表著最大單日成交量的低點被跌破，之後多頭欲反撲又更困難了，這是屬於接近頭部區的空單進場判斷方法之一。

　　4.正規作法是等到L2跌破後的安全空點，在第一時間點進場一樣有很大的獲利空間。

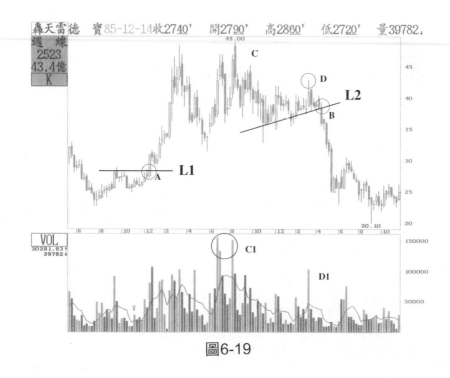

圖6-19

　　1.短線客在戰場中衝刺，操作策略常隨時盤勢而舞，就是在這種沖刷的過程當中，損失了龐大的操作資金，以本圖來論，真正具有意義的時點，是A處的買進點，以及B處的放空點而已，其他不具有太大意義的走勢皆不具備大的潛在獲利條件。

　　2.C1區的大成交量並無法推升股價向上運動，顯示多空的力量正在僵持，但問題出現在橫向整理的過程中，越盤量越縮，買氣已退潮。

　　3.關鍵之處在於D1的大成交量攻擊失敗後，股價反而又跌破整理區的下緣L2，此時多方的心態猶如逃難般一湧而出，空單所等待的也是這個訊號而已，藉多殺多而獲取可觀的空單利潤。

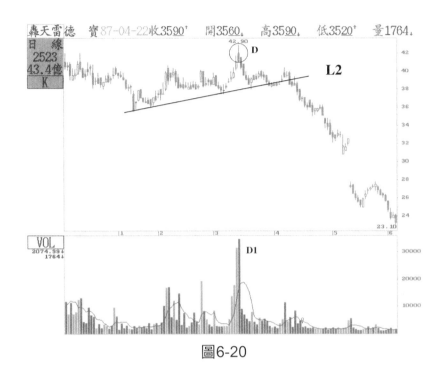

圖6-20

1.從日線圖中，更可以察覺出多頭的攻擊失敗後，所代表的負面意義。

2.本圖的D即是對照週線圖中的D區，在單日成交量達到近期最大時（D1），若是強勢的走法早應將股價推升上去，而不是留了上影線的黑K棒，而且收盤價收最低，**在這種不是屬於底部起漲型態的個股，會刻意洗盤的可能性很小。**

3.弱勢訊號已出現，接下來的破線就是一道確認的程序了。

兩種放空時機的比較

在空單的操作過程中，一般而言會有一種擔心被軋空的心態存在，因為股價的上漲空間是無限的，但事實上藉由停損的執行，潛在的損失都可以限制在可容忍的範圍之內，這點和做多時是一樣的觀念，差別只在於方向的不同而已。

前面的章節提到做多的買進要選擇在突破的時點，而空單的利潤也同樣是在跌破（破線）時最大，屬於正規標準的作法，但部分的個股走勢，卻可以在頭部區藉由訊號的判斷，而更早建立空倉，這種作法風險較高，波段的利潤也較大，能接受較高風險的操作者也會得到比較大的回饋，不光是金錢的部分，成就感的滿足亦然。

以下幾個個例將分別從接近頭部區的做空方法，及正規做空方法分別以圖例說明。

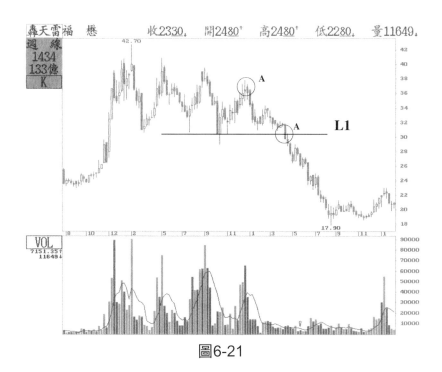

圖6-21

1.在L1尚未跌破之前，30~40元的區間視為大型的整理區，多與空都沒有明顯的操作空間。

2.這個整理區歷時約一年，上下沉浮，若是做多或做空，都沒有波段獲利的空間可言，但在A處跌破L1後，真正的獲利機會來臨。

3.任憑短線的技術再高超，都抵不過趨勢成形後的波段利潤，股價一跌破L1，代表過去一年來所買進的籌碼現在全部都套牢了，這種大型頭部所會造成的賣壓，自然是相當的沉重，也造就了空單的利潤。

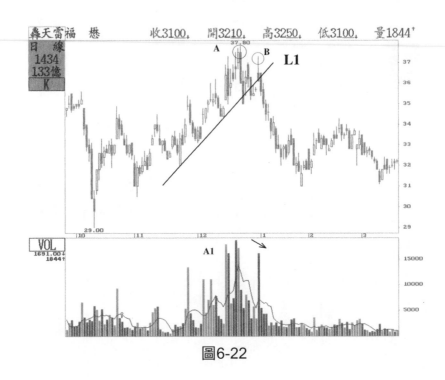

圖6-22

1.該圖中的A區即是對照圖6-21中的A區。

2.本圖中股價維持在一小型的上升軌道之上，上升趨勢持續三個月後在A區出現了量大不漲的疲態，之後K線B試圖再攻，但量能更顯單薄。

3.當日收盤，K線B呈現留上影線，並且收盤收在最低的負面訊號，隔日開高就是空點。

4.當天收盤價跌破上升軌道L1，更加確認上升趨勢的結束，股價在三週之中把過去三個月的漲幅跌完，空單的獲利也源自於此。

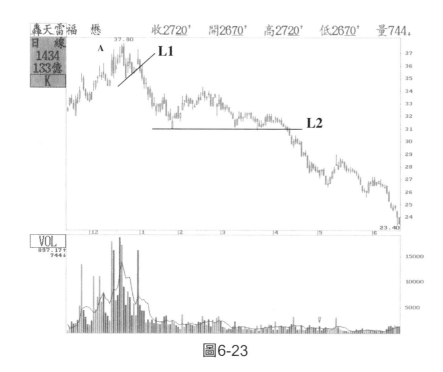

圖6-23

　　1.本圖中的A區即是圖6-22中的高檔區，首批的空單已經在當時建立完畢。

　　2.而本圖中的L2，即是圖6-21週線圖中的L1，代表著重要的頸線支撐。

　　3.正規的空點是在本圖中的L2，當這個重要支撐遭到跌破時，賣壓便會一湧而出，下跌的速度也會是最快。

　　4.跌破時股價原本就已經跌了一大段，但新的空單在此時卻要毫不猶豫地進場，不能因已經下跌過一段而有所遲疑，就好比做多時的突破買進一樣的意思。

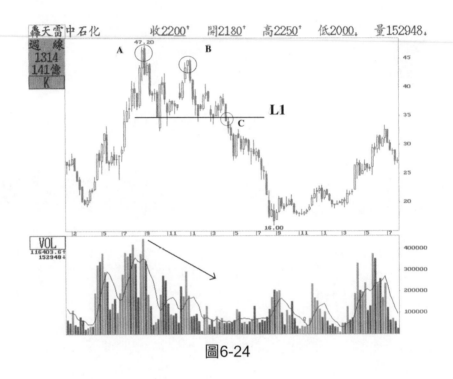

圖6-24

1.股價的走勢高低，代表著每個階段投資人對於該股所願意持有的程度，當股價歷經了一段漲幅，買進的力量不足以再支撐股價時，空頭的走勢就會取而代之。

2.股價由20元處起漲至A區時，是一段健全的上升走勢，逆勢放空只有挨打的份，等到低量的反彈形成了B區的高峰後，才是趨勢轉弱的確認，**積極型的空單是在此切入的，而不是漫無方向地看到股價大漲就放空。**

3.而跌破L1的C點，就是正規的放空點了，在此沒有討論到任何的基本面，藉由觀察多空力量的消長反而更能掌握關鍵的轉折。

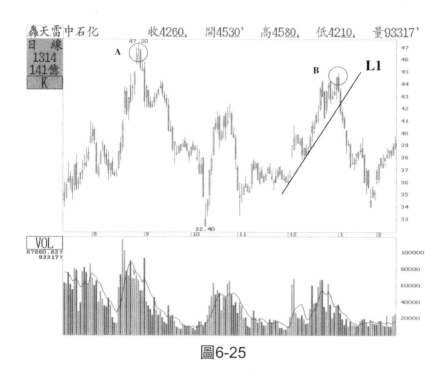

圖6-25

1.本圖的A、B兩區，即是對照圖6-24中的兩個A、B峰位。

2.當股價攻抵B區中的最高價時，比較A、B兩個峰位的成交量，以當時B區薄弱的成交量而言，是很難來消化前波高點A區的賣壓的。

3.觀察到這種形態時，就可以將該股列為潛在的放空標的，一有更明確的訊號出現時，就是空單進場的時機了。

4.以長黑K線跌破上升軌L1，就是明確之至的放空訊號了，薄弱的買盤不足以再支撐股價於高檔，終告失守，放空點位於波段的起跌點，是較高風險，但也是高利潤的操作法。

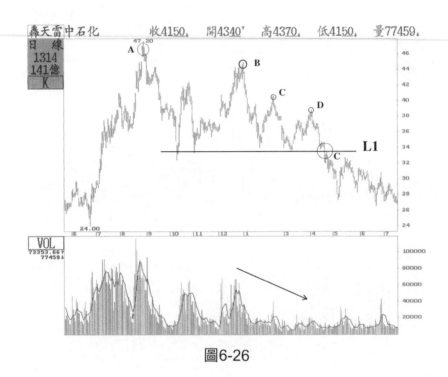

圖6-26

1.圖中的B點即為對照圖6-24、6-25的B峰位,將圖形的天數拉長後,可以更清楚地觀察到股價的變化,C、D兩個峰位,都僅是卜跌過程中的反彈高點而已,並沒有改變整體趨勢的演變,趨勢仍是向下。

2.再討論正規的空點,很明顯的是在C處,當股價跌破L1時,雖然頭部的形態並不一,但只要掌握到關鍵點位(頸線)的跌破,仍可以從容地做空獲利。

3.若是敢於承擔較大的風險空在B區附近,則獲利更為可觀,但這種作法僅適用於積極型的操作者。

4.兩種作法各有利弊,也都正確。

　　從上述所舉的眾多例子中，清楚地了解到整個股價運動的過程，在過程之中，藉由每個階段的不同量價關係以及不同的相對位置，來判斷、解讀股價所可能的行進方向，進而獲利。

　　一張長達一年期間的走勢圖，可能只有一次波段的買進訊號，以及一次的波段賣出（放空）訊號，掌握了這些有意義的訊號，要獲利並不困難，**但當訊號出現時，就必須學習和市場氣氛相對抗，**因為在當時通常訊號的方向和市場中的氣氛是相反的，往往買進訊號出現時，市場中一片悲觀，而當賣出訊號出現時，大家又陶醉在一片樂觀聲中。

　　適時扮演一位反向意見者，要具備堅定的意志，以及對本身判斷的自信，才能不隨波逐流，成為多空兩面贏家。

第七章
另類的反向思考者

追求獲利極致的必要程序

選擇在有意義的時點出手，才是交易好手的風采

要做最不願，但最需要做的事

　　股價的形成來自於投資人買進與賣出的行為，而在下買進或賣出的決策時，各人所持的原因與理由皆不相同，有人純粹聽消息買賣股票，有人依據媒體的報導，也有人以基本面或技術分析作切入，但終歸離不開一個因素，就是「目前的價格」。

　　儘管事前的分析多麼完備，多麼理性，**但當大盤一開，螢幕上的價格跳動才是背後影響決策的最大因素**，任何的分析，在下買進或賣出指令時，最後都要經過「人性」這個最後關卡，能克服人性上的弱點，才有機會成為市場贏家。

　　當股價跌到原先所預定的買進點時，這時通常人性的疑懼會期望能夠再買低一點，等待的結果反而失去較好的買進價位，等到股價漲高了脫離安全買區後，才又急忙地買進，於是成本墊高了不少。

　　假設股價持續上漲，依投資人的心態是不會輕易賣出的，心裏面總會浮現一個當天或近期的最高價，並認為這就是至少要賣出的最低價。這是貪婪的人性所使然，一直期待更高價的結果當然賣不到最高價，等到了趨勢反轉向下，同樣的心態希望賣在反彈的最高點。**整個操作過程中，低檔區不敢買，高檔區捨不得賣，壓縮了獲利的空間。**

　　不論每個歷史最高價與最低價，都是由一買一賣的程序而成交的，儘管事後來看歷史的最高最低價是多麼的不理性，但卻是當時市場極度樂觀，極度悲觀所造成，處在那種盤勢背景下，確實需要客觀的心態扮演一個「適時的反見意見者」。

　　平心而論，在高低檔區要持反向意見是不容易做到的，第六章中已經舉過數個高檔反轉，空單獲利的例子，而在本章前半部，將再以實例說明另一種「反向意見者」，是如何在大家認為

平靜無波的行情中獲利的，要做這類的判斷與決策又要比前章中的反向意見者要困難，沒錯，茫茫股海中就是要做別人不容易做到的事才能獲得不容易得到的大利潤。

　　在此所指的反向意見者，並非時時刻刻都與大眾的意見相反，而是藉由圖形、形態的判斷，進而推測出股價可能的行進方向，並憑藉自信的判斷，克服心理面中最難超越的障礙，而敢於不和多數人站在同一邊。

　　除了分析能力外，還需具備強大的意志力及自信，當大家的意見、看法都是一樣的時候，心境上會是安全的，因此不具備上述兩個條件時，是跳脫不離群眾的。下列將連續舉數個實例說明解析：

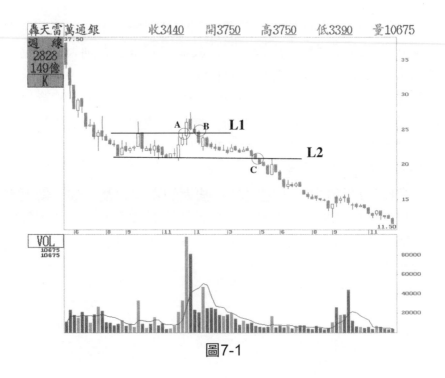

圖7-1

　　1.股價的形成包含著不理性的成分，也藉由這些不理性的因子，才有大空間可以操作，否則平凡的波動是創造不出什麼大利潤的。

　　2.股價自高點37.5修正以來，跌至L2時已約有近50%的跌幅，依一般的投資心態，此時會有許多「攤平的籌碼」、「覺得已經很便宜的籌碼」、「希望長期投資的籌碼」進場買進。

　　3.而股價在L2之上20元附近也似乎有打底的味道，終於在A處突破了前波高點出現了買進訊號，但在成交量無法有效遞增的情況下，在B點又跌破了L1，此代表前次的突破是失敗的，也代表買進的多單必須出場了，不論獲利或虧損，因為買進持有的理由已經不再。

4.這個時候絕對不能落入心理上的陷阱，認為股價已經偏低而繼續持有，等到再次出現買進訊號時才是另一次攻勢再起之時。

5.股價跌回Ｌ１之下後維持牛皮的走勢，但在Ｃ點處發生重大的轉變———股價跌破了整理區的低點（Ｌ２），代表股價要進入另一個整理區間了。

6.等到跌破Ｌ２之後，先前不願賣出的人更不可能賣出了，反而有可能再加碼尋求攤平回本的機會，但股價持續創新低，毫無支撐般地墜落，由Ｃ點到88年1月的低點9.6，又下跌了54%。

7.在此討論的重點在Ｃ點處，這代表了一個放空的點位，**沒有支撐的股價並不需預測會跌到什麼樣的價位**。在此多數人皆認為股價偏低時逆向做空確實是需要勇氣的，而龐大的利潤即是最大的回饋。

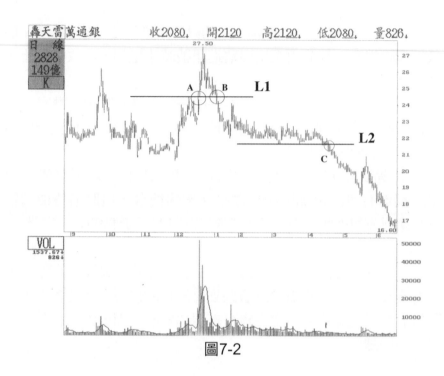

圖7-2

1.圖中的Ａ、Ｂ、Ｃ即為圖7-1的對照位置。

2.回顧第一章所述的突破買進，在Ａ點買進，Ｂ點賣出，所損失的是手續費成本，但若未能執行賣出，則要付出更大的代價。

3.Ｃ點是標準的空點，但這時放空價又要比前次的賣出價低，倘若有成本價的觀念，可能不願在更低點做空，如此也得不到原本應有的獲利。

4.是故判斷能力與決斷力缺一不可，才能適時扮演一個成功的「反向意見者」。

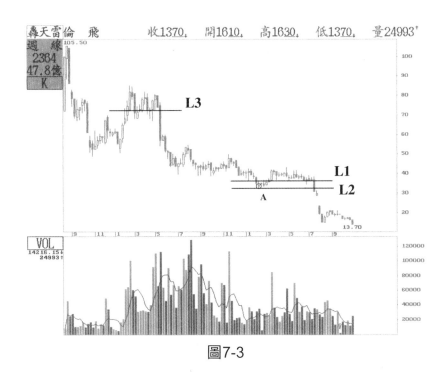

圖7-3

1.股票的操作貴在時機的掌握，在沒有明確訊號出現的情況下，任何的操作都不具存在意義，因為此時並不擁有機率的優勢，沒有優勢，何來的高勝率？

2.將圖形拉長，在這張週線圖中，只有跌破Ｌ３與Ｌ１時是交易的訊號，其他任何時刻都只是隨勢沈浮而已。

3.在股價未跌破Ｌ１之前的整理走勢，多數人必然會認為是打底的走勢，市場中也沒有相關的利空傳聞，此時投資人想到的，只是買進與持有的問題，畢竟從圖中高點105元起跌以來也有六成以上的跌幅了，和從前相較，股價當然是偏低了。

4.股價偏低但在沒有出現買進訊號前，從來都不是買進的理由，所謂跌深未必反彈，低價未必便宜正是最好的註解。

5.當在整理末段跌破Ｌ１時，就是放空時機的來臨，接下來跌破前波低點Ａ時，更是確認的訊號，此時若沒有放空的限制規定，應積極地建立空單部位，若不喜放空的操作，至少要將該股從買進的名單中剔除，絕對避免，也不要試圖尋找它的低點而買進。

6. 當股價跌破Ｌ１時，代表著在整理區中的買進者全部陷入了虧損的狀態，這種的賣壓就是股價持續探底的最大原因，最輕鬆的放空獲利就是源自於多頭自亂陣腳的多殺多。

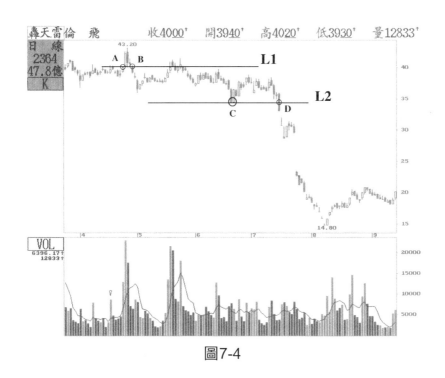

圖7-4

　　1.從日線圖中再以細部的價格變動來剖析多空的易位。

　　2.A處曾出現帶量的突破，但多頭的攻勢僅維持了三天，隨即在B處又跌回至突破點之下，等於是宣告A處的突破是無效的。

　　3.此後股價持續震盪了近三個月，這些的震盪都並未出現關鍵性的訊號，也就是多空皆不宜。

　　4.直到在D處摜破前次的低點C時，配合週線觀察，整個跌勢才告確立，圖中留有除權的缺口，但整體的趨勢向下不變，藉由這些訊號的辨認，不做空者至少都避開了下跌段的風險。

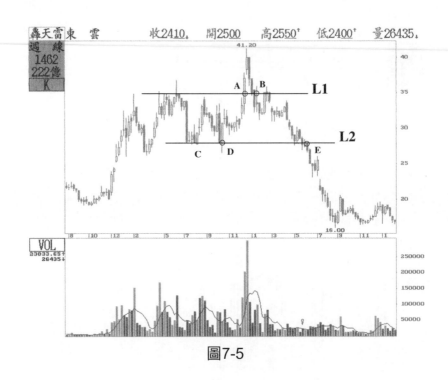

圖7-5

　　1.若以本圖中Ａ點為中線，而將右半部蓋住的話，則形態的發展一直到Ａ點之前都屬強勁的多頭走勢。

　　2.但當股價跌回突破點時，就是代表著前次的突破失敗，就是因為買盤不延續，才使得股價重回到突破點之下，這種走勢會影響到突破後買進者的心態，當曾經發生過套牢的情況，等到股價再回到成本價時，很容易就會引發解套的賣壓，要聚勢再攻會較難，連帶也會影響到潛在買盤的心態。

　　3.本圖中當股價跌破L1時，並不能因此就判定股價已經走空，只是形態轉為中性格局而已，往後轉強或轉弱尚需其他訊號的確認，這就是要保有客觀的心態以觀察股價的意義，不能對任何的個股存有偏見。

4.而訊號終於在三個月後，當股價跌破 C 、 D 兩個回檔低點所連接的支撐線 L 2 後出現，在 E 處跌破後整個形態確立轉弱，一個長達一年半的大型頭部區成形，當這種下跌走勢持續時，一般最常見的應對方法是再加碼攤平，但理智應該要提醒你在此時你要當一個反見意見者。

5.E 點是標準的空點是無庸至疑的，但一般投資人會認為股價自高檔已經下跌一大段了，此時做空是否適宜？要記得空單的獲利是來自於多殺多，一年半的頭部必然還會有下探的空間，而股價就從 E 點28元附近一直下探至87年12月5.75元的低點，不能在關鍵時刻成為一位「反向意見者」，就會是「套房的忠實主顧」。

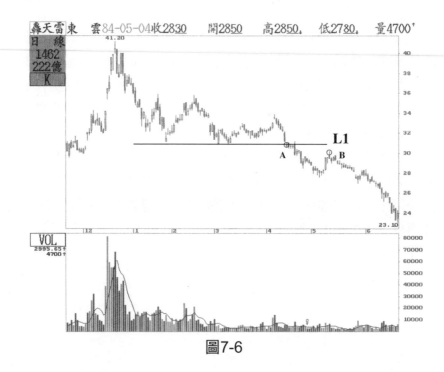

圖7-6

　　1.週線圖中所含蓋的時間較長，比較能夠看清楚趨勢的發展及多空的方向，因此週線圖中所發出的訊號其正確率要比日線圖來得高，缺點就是會失去些微的時效性，因此將週、日線同時作比較，對於判斷會有更大的幫助。

　　2.此一日線圖，賣出（放空）的訊號出現在Ａ點，也就是在31元附近，比圖7-5週線圖的Ｌ２要多了3元的空間，更早推斷出格局轉弱。

　　3.跌破Ｌ１後的反彈高點Ｂ並未越回過Ｌ１，只要反彈不過原跌破處，弱勢格局不變。

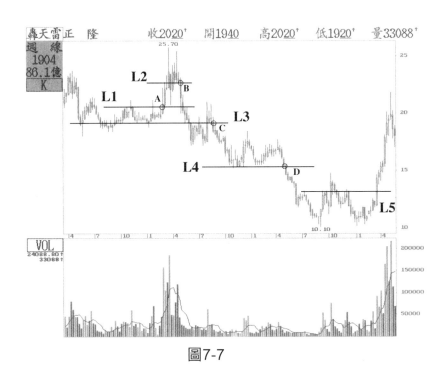

圖7-7

　　1.同樣的步驟，以A點為垂直分界，將右半邊的圖遮住，股價在A點突破時所呈現的是強勁的多頭走勢，量價俱揚配合著整理形態的突破。

　　2.但這波攻勢在B點處跌破L２時就宣告結束了，股價自此變為中性格局。

　　3.之後股價在C點處跌破了L３，它代表著前次整理區的下緣，這時必定會吸引認為「股價已經偏低」、「回到起漲點」的買盤進場，這是人性使然，但此時你必須克服人性上的弱點，當一個反向意見者——在大家認為不可能的情況下放空獲利。

　　4.由於股價才剛剛創下第一次新低點，後續引發的賣出力道會十分強勁，**藉由多殺多，空單的獲利由此而來。**

　　5.股價稍事止跌後，又在D處跌破了前次低點，再次創新

低，如果照著坊間的一般作法加碼攤平的話，恐怕真的是越攤越平，從Ｌ３到Ｌ４的區間是下跌了20%，當多數人認為跌得夠深了的時候，從Ｌ４到圖中低點10.1又下跌了40%，而這些都代表著空單的利潤。

6.當大家普遍談論著「股價已經超跌」、「股價嚴重偏低」、「這是長線佈局時機」等等模稜兩可的言論時，要堅定地當一個反向意見者確實是不容易的，但也唯有克服這些人性上的弱點，才能獲得他人所羨慕的報酬，以及操作的成就感。

7.順便一提回顧第一章，買進訊號是在突破Ｌ５時才出現的（突破前波反彈高點），**這也是另一種的反向意見者──買在多數人都不再感興趣之時。**

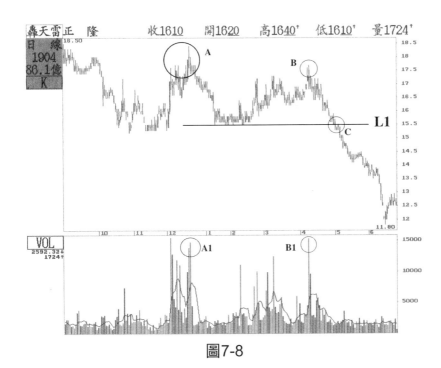

圖7-8

　　1.本圖之Ｌ１，即為對照圖7-7的Ｌ４，從日線圖中可發現在跌破Ｌ１前，曾出現兩次的失敗攻擊。

　　2.Ｋ線Ａ區及Ｂ區的兩次大量不漲，是多頭欲轉強不力的警訊，隨後在拉回的過程中跌破了Ｌ１，多頭反撲不成後反而創新低點，這是更為弱勢的訊息，Ｃ點為標準的空點。

　　3.此時若在意空單進場價過低而稍事觀望的話，馬上就失去一大段潛在的獲利了，趨勢、形態一旦確立，就是執行進場的時候，此時強調的重點是方向，而非價位的高低。

「低檔區」的反向思考挑戰

股價運動的過程中，最重要的影響關鍵是其氣勢，股價的變動高低將會影響及潛在買盤的心態，**假若股價有能力維持強勢，甚至創新高，這種走法將會吸引眾多「擔心買不到」的追價買盤進場**，直到買氣耗竭為止。

相反的，當股價從高檔開始反轉下跌後，趨勢轉為向下，跌勢持續進行中很難吸引新的買盤進場，就算有承接的買方，在沒有消耗完高檔套牢的賣壓前，這些零星的買氣是無法將趨勢由空轉多的。

這也是為何要如此強調氣勢的原因了，隨勢的操作會顯輕鬆而流暢，而逆勢的操作就顯得阻礙重重了，當量價出現關鍵的轉變，這個轉折處，就是你要決定坐在往哪個方向開的船的時候了，因為人性深深影響了人類的買賣心理，因此股價可以因為貪婪被炒得更高，也可以因為恐懼被賣到你不相信的低點，尊重趨勢的方向，獲利會是輕鬆而愉快的。

下列再舉幾檔破底走勢的個股，說明在轉折處扮演尊重趨勢的反向意見者所能獲得的報酬。

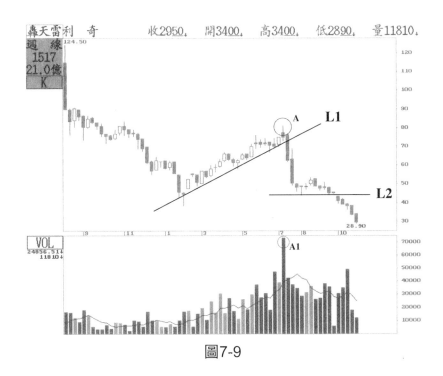

圖7-9

　　1.該股在除權前的週線形態中，出現了異常放大的單週成交量（Ａ１處）但這次的量能卻沒有辦法推升股價再繼續向上發展，反而是攆低了股價，但當時仍是維持在Ｌ１的原始趨勢線之上，此時多空還沒有明顯的易位，而異常的大量卻使得該股顯得有持續追蹤的價值存在。

　　2.隨後的兩根長黑棒，是包含著除權過程的，但股價本身在除權前也下跌了約20％的空間，**顯示除權前的異常大量確實是有著特定意義的買賣行為。**

　　3.隨後股價止跌並呈現橫向的整理，當這種下跌過一段空間並止穩的走勢，通常都會吸引所謂「佈局」的買盤，加上當時經過除權，股價相對的單價較低，而價格也處於貼權的狀態，最

容易吸引長期投資的保守買盤進場承接，在沒有跌破Ｌ２之前，
似乎一切都是那麼地平靜且安穩地在進行者。

　　4.但對於一個追隨趨勢的操作者來說，這種訊息是中性
的，並不能因為股價位於低檔就認定月前的價格偏低，尤其除權
前的大量收黑Ｋ線更應該使人保有戒心。

　　5.關鍵的訊號出現在Ｌ２的跌破，出現了除權過後的新低
價，跌破了前次整理的最低點，當大家普遍認為股價進入「更」
合理的買點時，你必須持反向的意見。

　　6. 當時空單的獲利從Ｌ２起算，當跌至30元時已有30%，
換句話說做多者是虧損了30%，相差60%，一賺一賠全在一念之
間。

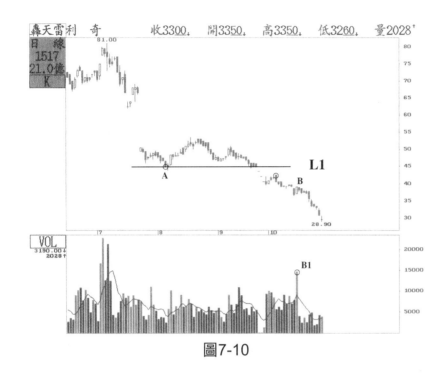

圖7-10

1.當前波拉回的最低收盤價A點被跌破後，股價又出現了轉弱的危機，而連續三個交易日跳空跌停之前，有兩天的時間是可以於平盤價之上作空的，能夠克服心理上的弱點成為反向意見者的投資人，快速的獲利隨之而來。

2.K線B處為一根長紅棒，伴隨的大成交量B１似乎有止跌的意味，但在沒有寬廣的底部整理情況下，很難寄望會有太強的走勢出現，況且上有許多的籌碼正等待解套著，趨勢尚未被扭轉，股價也續創新低。

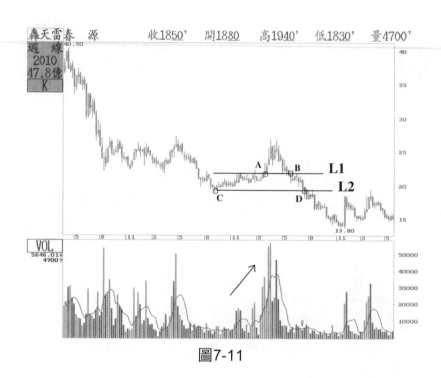

圖7-11

1.以該圖說明如何成為反向意見者前，先順便回顧第一章以來的觀念。

2.當股價在Ａ處作突破時，毫無疑問的是多頭攻擊的標準形態，但當買盤無法再持續推升支撐股價時，自然會出現回檔的走勢，但只要不跌破支撐價位，上漲過程中的回檔都是正常的過程。

3.之後在Ｂ處跌破了Ｌ１，連最原始的突破轉強處都告不守，代表前次的攻擊結束，到目前為止是定位成中性的格局，尚不能判斷已經轉空。（在此也運用及第三章停損的觀念，事實上在日線圖中，反轉的訊號可以使多單賣在高檔的反轉處，不需等回跌到起漲區）。

4.這次提早夭折的攻勢在B處結束後，股價在兩個月後又跌破了L2，也就是股價出現了比前波低點C更低的價位，這個訊號的出現才代表著該股確立轉空，又是一個要克服人性上弱點必須扮演一位反向意見者的時候了。

5.通常在股價歷經一大段跌幅後，大多數投資人想到的是如何的逢低承接，但若股價形態本身沒有出現任何轉強訊號的話，不論在多低的價位買進都是逆勢操作，從本圖中的高點40.5起算，跌至L2時已經跌掉了一半，在當時又有多少人相信會在十九個月後又跌了一半到9.75元，這就是學習如何尊重趨勢及克服人性弱點的難處。

6.反觀，在D點跌破後的反向意見者，其站在與大眾相反方向的空單獲利是可觀的。

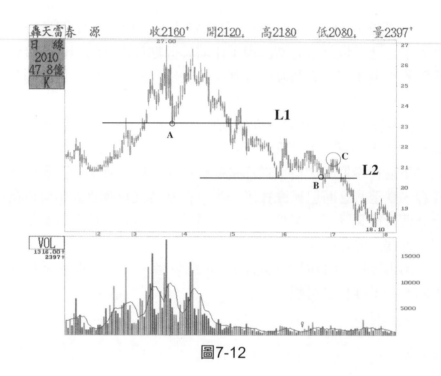

圖7-12

　　1.從細部的日線圖中，可以更明確地指出股價轉弱的關鍵點位。

　　2.當股價跌破前波回檔的低點A時，就是多單最後的出場機會了，一檔走勢強勁的個股是不太可能拉回如此深讓有心人上轎的。

　　3.該股大跌前的另一次賣點出現在B，但之後曾經又反彈回L2之上，那麼是否沒有賣在C處附近就可惜了呢？

　　4.大方向是容易判斷的，但碎波的震盪就不是那麼容易可以掌握的，如果太在意些微的差價變動，反過來想是否就是欠缺賺取波段利潤大格局的心態了呢？

股價創新低時的反向意見者

　　只要形態、結構健全，股價再高都還是可以列入買進的名單中，只要伴隨有嚴格的停損執行即可，相反的，股價再低，只要沒有買進訊號的出現，哪怕是低於淨值、低於票面價或本益比再低，都不應列入買進的名單中，連考慮都不需要。

　　尤其當股價從高檔大幅滑落後，下跌段中必然會出現一些承接、攤平的買盤，或是場外一些認為「股價已經進入長期投資價位」的買盤，不論所持理由為何，總歸都有一項共通點，就是一廂情願，應該是依盤面傳遞的訊息做決策的，但反而變成替個股的未來做決策。

　　事實上股價之所以持續性下跌，必定是籌碼面或基本面或個別公司的財務結構出現問題所導致，這些的原因影響技術面上的發展，因此藉由技術面，便可以破解許多尚未在市場上公開的利空了。

　　下列將再舉幾檔股價在當時持續創新低的個股，反向意見者的決策過程。

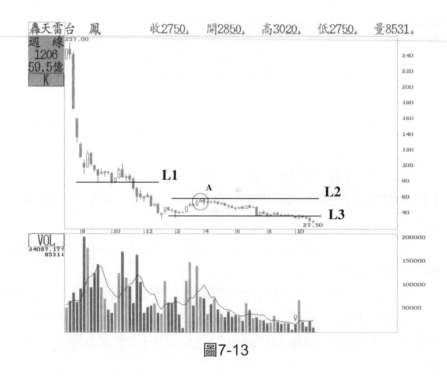

圖7-13

1.股價自高檔反轉崩跌後,在75元附近初步止跌,「止跌」是當時階段的走勢,代表著「目前」不跌而已,但並不表示後續不會再跌,但另一方面也不表示沒有機會再醞釀一波攻勢,完全是以開放且客觀的方式來看待其多空的發展。

2.訊號發生在L1遭跌破之時,代表著橫向整理三個月的低點也被跌破,此時被套牢的籌碼更多了,一旦形態遭到破壞,要進行反撲會更顯得困難,因為阻力越來越大。

3.當這一次的賣出訊出現在L1跌破時,在當時來看股價從高檔已經下跌了70%的幅度,但千萬不要也不能和趨勢相對抗,跌了如此深並不表示已經是底部,尤其當賣出的訊號再次發生時。

4.果不其然股價在跌破Ｌ１後，就在二個月內股價又下跌了50％，也就是在Ｌ１之上認為是跌深了是低檔區而買進的投資人，在兩個月的時間資金虧掉了一半，對照遵循趨勢的反向意見者，在股價創新低而順向做空者，兩個月的時間也得到了相對50％的報酬。

5.此後股價進行震盪，在週線中受圖距的影響，比較不能夠清楚判斷其股價的細部發展，但稍後的日線圖中仍可從中研判出至少兩次的交易機會，在此先提出一件說明，也就是在看似平靜的Ｌ２、Ｌ３區間中，股價的高低波動也超過了三成。

6.這時的一位反向意見者，只是在尋求一個安全而有利的獲利機會而已，絕非在任何時候都要刻意和群眾唱反調。

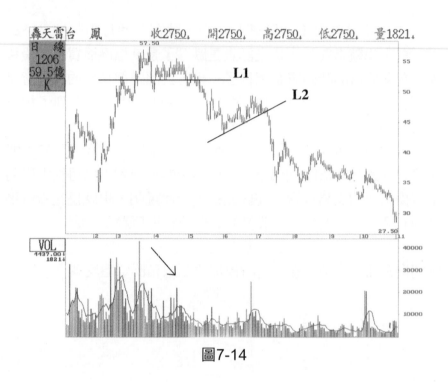

圖7-14

　　1.本圖中Ｌ１之上的頭部整理形態，即為對照圖7-13的Ａ區。

　　2.累積一段漲幅後，出現量能退潮的橫向整理，在Ｌ１跌破後，一個小型的頭部成立，也是一個標準的賣出（放空）點位。

　　3.止跌後出現了向上的旗形整理形態，但距前波頭部區太近，並不足以構成波段走勢，等到跌破Ｌ２後，另一次的空點又出現，股價也急速地崩落。

　　4.在圖7-13中Ｌ１及Ｌ３的區間並沒有太明顯的趨勢，但透過日線仍可藉由兩次的空單操作獲利，雖然股價從高檔已跌了一大段下來，但這時的反向意見者仍有操作的空間，隨勢而已。

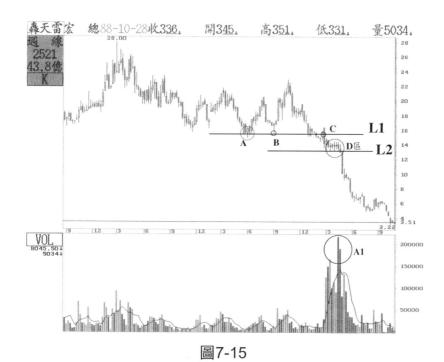

圖7-15

　　1.在這張長達三年的週線圖中，當股價還未跌破Ｌ１前，股價只是隨勢沈浮，大盤指數走強時，該股也漲得不多，當大盤指數走弱時，該股也跌得不深，這種沒有明顯趨勢方向的標的，多空都不討好，就算操作獲利也沒有大行情波段獲利的樂趣。

　　2.但當其跌破Ｌ１後，就是重大的訊息意義來臨了，Ｌ１是連接前兩次低點的支撐線，當其在Ｃ點被跌破時，在當時股價是創近三年來的新低，再次「逢低承接」嗎？錯誤的策略遠比錯誤的判斷來得可怕，在跌破Ｃ點後，八個月後股價又下跌了80%，在Ｃ點未被跌破前從來也沒有過如此大的跌幅，這就是趨勢的力量。

　　3.之前股價曾經拉回至低點Ｂ，但未跌破前次低點Ａ，故

在當時尚不構成危機，而只要一條支撐或壓力線被觸碰越多次，其日後跌破或突破後的力量也會越強。

4.在D區中還有其他的訊息可協助判斷當時的破底走勢，以支持自己站在反向意見者的一方，在D區中連續兩個月的成交量異常放大，但股價並無法有效的推升，若是在多頭市場中的多頭走勢股，其傳遞的訊息可能是協議後的轉單，有機會再攻一波，但該股在D區就已顯得極為弱勢，就算是有協議作價的情形，也會受制於市場及趨勢而顯得力不從心，拉抬不成後反而會形成更龐大的潛在賣壓，成為股價下跌的助力。

5.果然跌破了此一密集區的整理區下緣Ｌ２，跌破後勢如破竹一瀉千里，持空單的反向意見者憑客觀的判斷獲取了可觀且迅速的報酬。

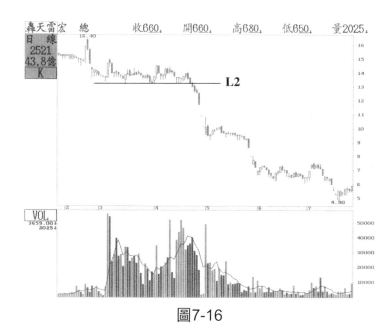

圖7-16

1.本圖中之Ｌ２即為對照圖7-15中的Ｌ２。

2.從日線觀之其量大不漲的情形更為明顯，這種連續性的大成交量必然隱含著不尋常的內情，市場耳語也是眾說紛云，任何的消息都有可能是對的，也有可能是煙幕彈，而股價的運動形態則最能真實地傳達訊息。

3.當股價帶量跌破Ｌ２後，原本默默買進的買盤變得競相地賣出（最直接的原因就是套牢），使得股價急速的下跌，再次地驗證股價的走勢才是最為真實且客觀的判斷工具。

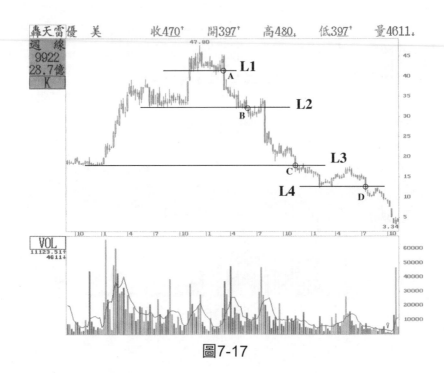

圖7-17

　　1.這個章節的重點在於討論如何在股價創新低時，當大眾普遍認為股價「已經偏低」、「已經超跌」時，做出正確判斷而獲利，在切入這個重點之前，先行回顧前面章節的重點。

　　2.這是張長達三年的週線走勢圖，以Ａ點為分界將右半部遮住，雖然歷經大幅度的上漲空間，但其走勢仍是健全的。第一個關鍵點在於Ａ處的跌破———在經歷近150%的漲幅後，股價跌破了高檔整理區的下緣，第六章中所討論的轉折出現，是潛在利潤最大的放空點。

　　3.此後股價又跌破了Ｌ２及Ｌ３的重要支撐，跌破Ｌ３時甚至是跌破了起漲點的價位，過程中雖然包含了除權的過程，但整體的趨勢仍是向下不變。**假設投資人不做空，那麼持有多單者**

也至少有Ａ、Ｂ、Ｃ三個賣出的機會，意即藉由第三章中停損觀念的運用，若不賺空單的錢也至少不會因做多而產生大幅的虧損。

　　4.同樣的再以Ｃ點為分界將右半部遮住，當時這種形態很容易讓一般的技術分析者誤認為是打底的開始，可是當Ｌ３一跌破，股價雖然更低，卻是另一波跌勢的開始。

　　5.Ｌ４的跌破也不例外，當大眾認為更可以逢低承接時，反而是更危險的買進行為，股價在未來當然有再次走強的機會，但最佳的買進「時點」不是現在。

　　6.截至目前為止，在每次反轉（Ａ、Ｂ、Ｃ、Ｄ四點）的反向意見者，都成了大贏家。

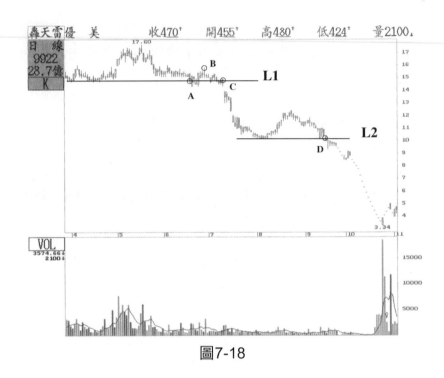

圖7-18

　　1.本圖為圖7-17中跌破Ｌ３之後的日線圖，圖中也有兩個至為明顯的反轉點，既使股價自高檔已經下跌了60%以上，但當新的賣出訊號再出現時，股價仍然無情地下跌。

　　2.在Ａ處跌破Ｌ１後為空點，但股價隨既又反彈至Ｌ１之上，而使得停損於Ｂ點附近，但再次於Ｃ點跌破後，迅速的獲利隨之而來，前次的小幅停損變成是微不足道的損失了。

　　3.另一次的考驗是跌破Ｌ２時的Ｄ點，當幾乎所有人都認為已經見底時，先是從Ｄ點到圖中的低點3.34，又跌掉了70%，難就難在在Ｄ點時要當個反向意見者，這也難怪報酬如此之高了。

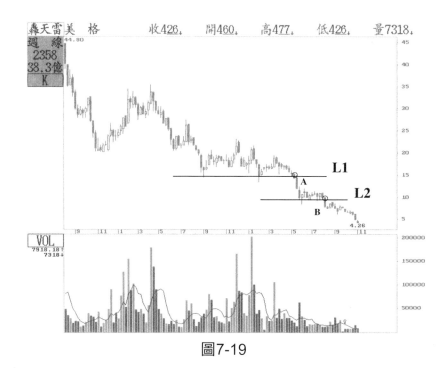

圖7-19

1.在個別股的走勢中，若是出現像是基本面較差，獲利不如預期，甚至是財務結構出現狀況的消息，在這時通常股價已經反應過了一大段了，這些從傳統的財務報告，會計數字中沒辦法洞悉的事件，藉由技術面、籌碼面的判斷，都至少不會使你持有該股，若加上情勢更加確立，外在條件配合，更可以反向做空獲利。

2.以本例來論，在長達二十六個月的走勢中，從未出現過買進的訊號，既然沒有買進，那麼何來的套牢？從最高點44.8至Ｌ１的15元，跌深了是沒錯，但「低價」與「跌深」從來都不是應該買進的理由。

3.在Ａ處跌破Ｌ１前，股價已經在當時看來是「低檔」的

位置整理了九個月之久，再加上高檔修正下來過，因此必然會有認為是低檔應該佈局的買盤進場，但當Ａ點一跌破，僅僅在兩個星期中，股價再從15元跌至10元附近，就好像潰堤一般。

4.在當時要扮演一位反見意見者是不容易的，畢竟股價已跌深，但訊號一出現，就必須以理性且客觀的態度來對抗自己心理上的弱點，當大家還一直在加碼、攤平時，你必須冷靜地做空。

5.掌握到這種破線後的急跌，其利潤會來得非常迅速，在過去的九個月整理期中，從沒有一段時間下跌得如此之快，但就發生在破線，訊號發生之後。

6.現在跌得更深了，但也還不是該買的時候，股價初步止跌整理兩個月後，又於Ｂ處跌破Ｌ２，光是從最後的跌破處Ｂ起算，在三個月中股價又下跌了50%，也就是在Ｌ２附近的「低接」者，在三個月內又虧損了50%的資金。

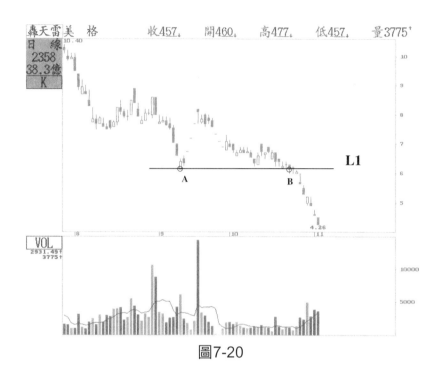

圖7-20

1.本圖為7-19中，股價跌破Ｌ２後的細部日線圖。

2.不管當時個位數的低價是否會是未來的低檔區，但在有利的買訊尚未出現前，都不應該冒然地買進，當日後有突破的買訊出現後，那時候的進場才會是安全的。

3.當在Ｂ點跌破對照前波低點Ａ的Ｌ１時，股價又再次地急跌約30％的空間，如果能在當賣出訊號發生時扮演反向意見者，就不會多賠Ｌ１以下這一段了，這是最難做到的事，但卻是最應該做的。

辨識假性反轉後的反向意見者

　　以下將再舉數檔在跌深後，再次出現的反轉形態，透過放大的單一日線圖作解析。

　　在下跌段的過程中，必然會伴隨出現股價的反彈，但主勢趨仍是向下，此時搶短搶反彈的風險大，因為所操作的並非為順向單。

　　最危險的情況在於無法辨認大趨勢，而在每一次的下跌過程中認為是回檔，反而極力地買進，這種作法只是越套越深而已。

　　除了基本的必須辨認這些大方向外，還要從過程中的轉折賺取利潤，才是更為完美的操作，尤其在這種會讓人誤以為股價即將出現反攻走勢的訊號出現時，如何穩健地判斷其真正的軌跡，才是判斷股價多空的關鍵所在，在這種時點上，要成為一個反向意見者，會是更難以做到的事。

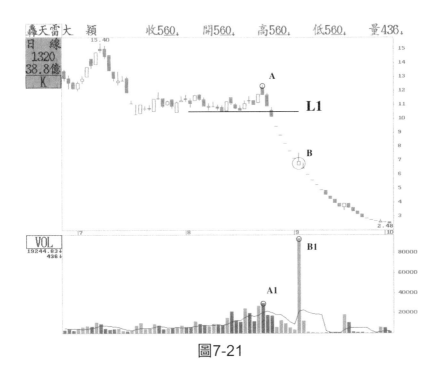

圖7-21

　　1.股價在跌破Ｌ１後急跌，此雖由特殊的利空所造成，但量價上卻事前透露出轉弱的訊息。

　　2.單一Ｋ線Ａ的前一日為長紅，但Ａ當日卻開高走低，成交量Ａ１也小幅擴增，**單是這項訊息就足以使人要持有戒心了。**

　　3.而真正確立轉弱的判斷是在跌破Ｌ１處，雖然因為當時平盤以下不得放空的限制，可能沒有辦法做到每一筆這類的空單，但都至少避得掉做多的風險。

　　4.Ｋ線Ｂ當日出現異常大量，這種訊號只適合知曉內情或確立消息的投資人操作，外在人士無從判斷，徒然介入投機搶短的風險高，代價也大。

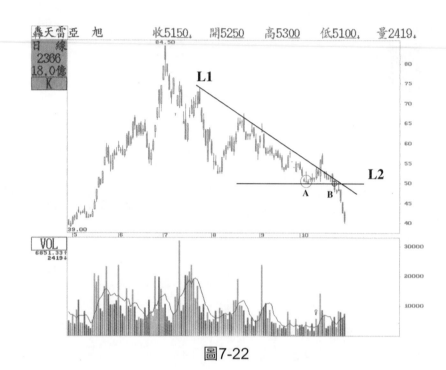

圖7-22

　　1.股價自高點84.5元拉回至50元處初步止跌，並向上突破下降軌道Ｌ1，在此看來一般的技術分析會認為是下跌段的結束，彈升的開始。

　　2.但在未歷經整理過程，且在籌碼未經沈澱的情況下，是很難寄望會有大行情出現的。

　　3.在買盤薄弱的情況下，股價再次拉回跌破了前次拉回的低點Ａ，**當股價企圖扭轉格局失敗後，這種跌破的負面意義更大。**

　　4.Ｂ點成了標準的空點，雖然股價已經跌過一大段，但當新的反轉訊號出現時，反向意見者的獲利仍是可觀的，只有在破線時，下跌速度才會如此之快。

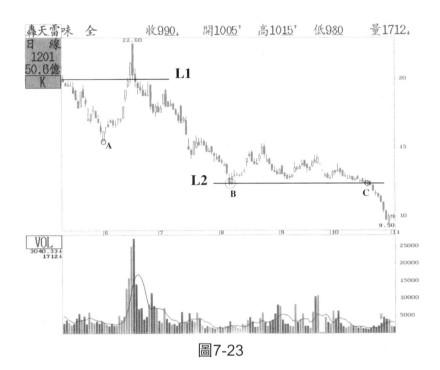

圖7-23

1.股價經過漫長的下跌段，在Ａ點處止跌後，量價同步走揚，氣勢十分強勁，但大格局來論，整趨勢仍是向下，不因短線的強勢而改變。

2.而這次強力的反彈也在跌破單日最大量之最低點時（Ｌ1）結束，但就當時來看，跌破Ｌ1時也未必確立股價轉弱，因為前波強大的成交量似乎仍有反撲的條件，目前只是暫時轉弱而已。

3.關鍵在於Ｃ點，跌破了前波回檔的低點Ｂ，創新低後下跌速度急速加快，當走勢越確立時，其走勢速度也越快。難就難在是發生在低檔區的反轉，使人不容易相信其變動的快速。

第八章
實戰測驗及評論

提升操作實力的最後程序

持續累積勝率高的交易機會，
並搾取每一分最大的利潤，
及接受合理的虧損，
終究會創造出偉大且驚人的複利效果。

實戰閱兵

　　本章是本書的最後一個章節，也是自第一章以來所有觀念的綜合運用解析，祈能藉由實例的說明，增進每一位投資人的選股，以及多空判別的能力。

　　任何分析系統的優劣關鍵都取決於正確機率的大小，只要你擁有一套高勝率的分析方法輔佐以良好的交易策略，加以時日經過多筆的交易後，良好的績效必會隨著交易次數的增加，而變得更為彰顯。

　　不保證，事實上也不需要要求每一次的單筆交易都是獲利，整體資金呈現獲利的狀態才是重點。

　　本章中的每一個實例，都會由兩張實圖所架構而成，第一張圖為進場訊號發生之時，其包括多單與空單，同時在第一張圖之下，會舉出判斷該筆交易的進場原因和理由，而次頁的第二張圖，是事後的真實走勢圖，其交易結果有獲利的部份，當然也包括誤判所造成的虧損，每筆交易結束後，在第二張圖之後也都會舉出出場的原因理由及該筆交易的操作討論，不論獲利與否。

　　事實上投資人在每一次的交易前與交易結束後，若都能針對整個交易過程做記錄，記載正確與錯誤的部份，都會對往後的交易有極大的幫助，尤其是操作發生虧損的交易，只要每一次犯的錯誤都能夠在下一次避免，如此一來負面的因素減少，勝率也會自然提高。

　　在看到個每個交易例子的第一張圖形後，試著訓練自己做判斷。在本章的選錄例子中，並非每一筆都是獲利，那麼你當然可以做出不同的判斷方向，可以選擇多或空來操作，或者選擇不進場，**重點是要提出自己之所以選擇這個決定的原因、理由**，做完這個步驟，再翻到下一頁看看圖形發展的結果，你將會發現，

不論你對某筆交易多麼有把握，其都有可能發展出相反的走勢，這時運用停損的策略，可以讓損失控制在合理的範圍之內，不致損及整體資金的操作規模。

為配合版面編排次序
本頁刻意留白

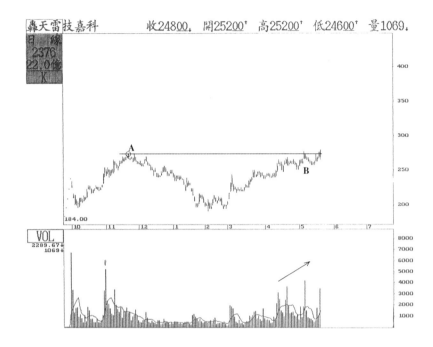

轟天雷技嘉科　　　　收24800↓　開25200′　高25200′　低24600′　量1069↓

圖8-1A

進場做多理由：

1.股價經過八個月的時間整理，近期的成交量逐漸加溫。

2.成交量的放大代表人氣、買盤的聚集，而股價也突破了前波的
高點A，一個大型的底部已經成形。

3.在突破處買進，並將停損設於最近一次回檔的低點B。

在進入下一頁前，試著自己也做判斷，是否認同前述的分析？

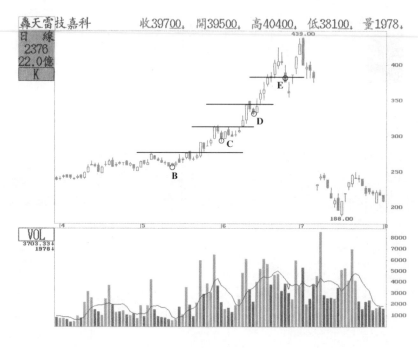

圖8-1B

多單出場理由：

1.股價在E點時，跌破了最近一次的突破處，暗示股價已經面臨較大的回檔壓力。

2.股價自突破以來已累積了近40%的漲幅。

交易評論：

1.這是筆極為單純的交易，上漲過程乾脆，途中並沒有出現大幅度的回檔。

2.也因為如此，在每一次新的突破後所調整的新停損（停利）點C、D都沒有被觸及，使得利潤持續增長，直至E點跌破為止，不到六個星期的交易日獲利近40%。

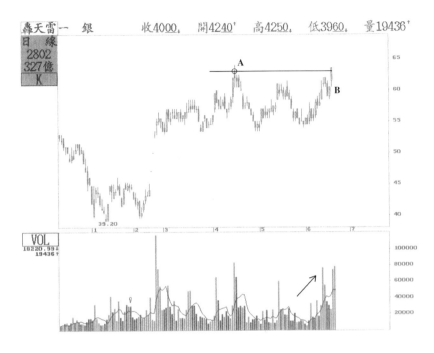

圖8-2A

進場做多的理由：

1.股價在二月中連續跳空漲停後，持續於高檔進行高姿態的整理。

2.而股價終於突破了前波高點A，量價俱揚顯示有新的買盤力量進場推升。

3.突破買進後將停損設於突破當日的低點B。

在進入下一頁前，試著自己也做判斷，是否認同前述的分析？

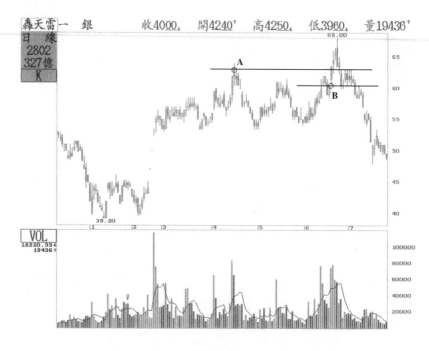

圖8-2B

多單出場理由：

1.股價不如預期般走強，反而跌破了原突破處。

2. 隨後又跌破了所設之停損點B，多單持有的理由已經不再。

交易評論：

1.原先看似確立的買進訊號，因為買盤不繼導致股價再次的走弱，但藉由停損的執行，使虧損限制在合理的範圍之內（含手續費約4.5%）。

2.當股價跌破原突破處時已經是轉弱的訊息，但為求波段的精神而設了較寬的停損幅度，總結此次不到50%的虧損仍是可接受的，這筆交易若非即時停損則損失更大。

圖8-3A

進場做空的理由：

1.股價彈升至前波的大量套牢區，攻勢雖然兇猛，但以當時的成交量能而言，似乎是難以越過前波高點的。

2.以前波的最高收盤價A為停損點，空單進場。

在進入下一頁前，試著自己也做判斷，是否認同前述的分析？

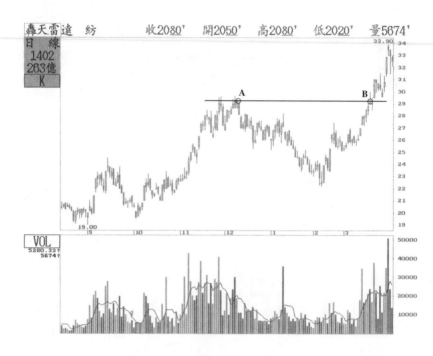

圖8-3B

空單出場的理由：

1.就在空單進場的隔日，盤中即衝破了前波高點A，顯示股價有能力再創新高。

2.另一方面在沒有一個頭部區可供依靠的情況下，空單停損出場後也沒有再度進場的理由了。

交易評論：

1.該筆交易顯然是過於一廂情願並且是在漲勢的過程中攔截高點，在進場理由不夠充分的情況下，很容易就會招致虧損。

2.所幸藉由嚴格的停損執行，沒有使虧損再度擴大，兩個交易日虧損4％，但提早結束掉這個錯誤的部位仍是策略的成功之處。

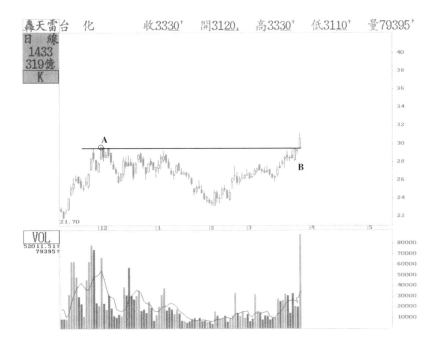

圖8-4A

進場做多的理由：

1.該股與前一筆空單停損的遠紡，具有部份的同質性，既都是紡織股，也同是大型股，在遠紡轉強使得空單被停損後，只要台化本身的形態配合，也有走強的機會。

2.訊號在突破前波高點A時出現，近期最大成交量伴隨一根創新高的長紅棒，是十分強烈的買進訊號，買進後設停損於B點。

在進入下一頁前，試著自己也做判斷，是否認同前述的分析？

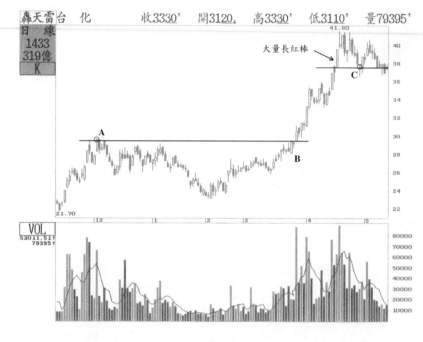

圖8-4B

多單出場理由：

1.股價在突破後隨即大漲，是標準的突破攻擊走勢。

2.然而在C處跌破了漲勢過程中大成交量長紅棒的低點，顯示股價可能進入整理，故先行獲利出場。

交易評論：

1.能在前筆交易發生虧損後，迅速再建立其他個股的相反部位，是良好的客觀操作心態。

2.在C點先行出場有可能會喪失後續的利潤空間，但在出場後，只要有新的買進訊號出現，仍可以隨時再次切入，況且當時短線的整理訊號已經出現。

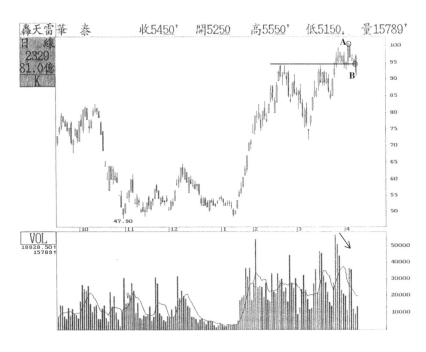

圖8-5A

進場做空的理由：

1.股價自起漲以來已經歷100%的漲幅，並且在高檔區出現了量價上的背離。

2.波段高點A出現當日，量價背離，四日後一根長黑棒跌破了該整理區的下緣（B點），因此推論頭部已經成立。

3.隔日只要有平盤價之上的價位，空單便可開始進場，並設停損於本波高點A。

在進入下一頁前，試著自己也做判斷，是否認同前述的分析？

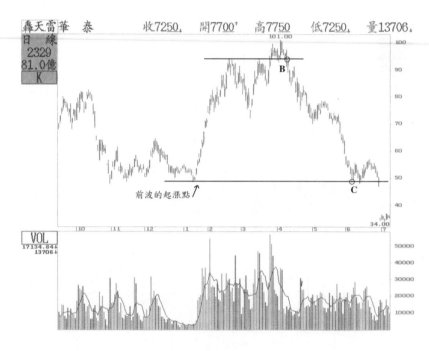

圖8-5B

空單出場理由：

1.股價如推測般下跌，途中未曾出現強力的反彈。

2.直到C點處，已觸及起漲區的位置，一般來論出現反彈的機會
極大，另一方面由於除權強迫回補在即，故先行回補。

交易評論：

1.該筆交易的成功之處，在於能夠在高檔區，**市場追價氣氛達到
最狂熱之時**，藉由量價的背離做出反向的決定。

2.判斷在先，而策略執行在後，在沒有確切的回補訊號出現前都
沒有回補倉位，才能抱完整個波段，堪稱一筆完美的交易。

圖8-6A

進場做多理由：

1.在量極縮的情況下進行盤跌，而藉由一根三倍於日均量的長紅棒，一舉突破下降壓力線，可視為轉強的訊號。

2. 將停損設於長紅棒之低點A。

在進入下一頁前，試著自己也做判斷，是否認同前述的分析？

圖8-6B

多單出場理由：

1.股價在急漲後陷入盤整，但在B處跌破了整個整理區的最低收盤價，在沒有大型底部支撐的情況下，於B處停利出場。

交易評論：

1.在沒有大的底部型態做為大漲依靠的情況下，在進場之初就已經將該筆交易定位為短、中線的交易。

2.於出場訊號發出後，退場是策略的執行，雖然喪失了後續的利潤空間，但並不能因此就認定過早賣出是錯的，因為當時只是客觀地賣出以保有即有的獲利。

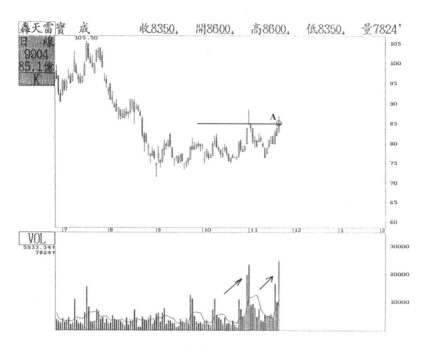

圖8-7A

進場做多理由：

1.股價進行橫向整理達三個月，而於A點處突破，創了近期收盤價的新高，可視為小型底部區的完成。

2.停損設於突破當日的最低點，若跌破此點則代表攻勢結束。

在進入下一頁前，試著自己也做判斷，是否認同前述的分析？

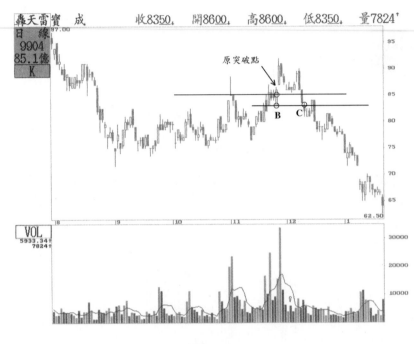

圖8-7B

多單出場理由：

1.股價並未出現所預期般的強勢，反而拉回跌破停損點C點，至此做多的理由已不再存在。

交易評論：

1.在正確機率高的情況下，仍必須接受圖形失敗的事實，並且以正面的態度來面對。

2.往好的一面想，若非即時出場則會招致更大的損失，但反過來說，假設在形態轉弱，多單停損後能反手做空，就是客觀操作心態的完美詮釋了。

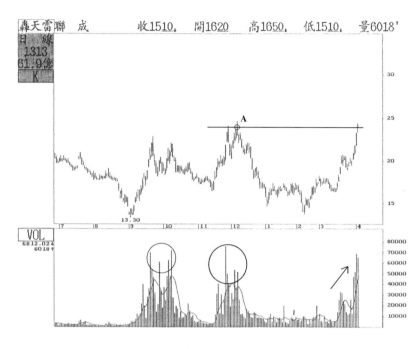

圖8-8A

進場做多理由：

1.股價突破先前兩個大量整理區的最高收盤價，若非有強大的買盤進場，股價不會有如此強勁的表現，故隨勢做多。

在進入下一頁前，試著自己也做判斷，是否認同前述的分析？

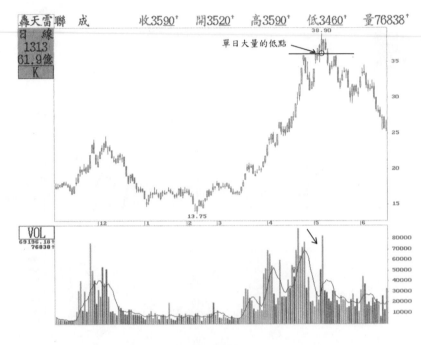

圖8-8B

多單出場理由：

1.在出現波段高點時出現了量價上的背離，顯示買盤的力量稍有減退，因此於跌破波段高點當日的最低價時出場。

2.自低點13.75已累積近300%的漲幅，因此稍有異狀便應即時出場，以防急速的拉回浸蝕原有的獲利。

交易評論：

1.此次交易在買進之初已累積了75%的漲幅，**雖然漲幅已拉開，但當強烈的買訊出現時仍應隨勢做多，設好停損保護即可。**

2.行情走勢中最忌諱猜測高低點，若認為漲幅已大而進場做空，是逆勢操作，其招致虧損可想而知。

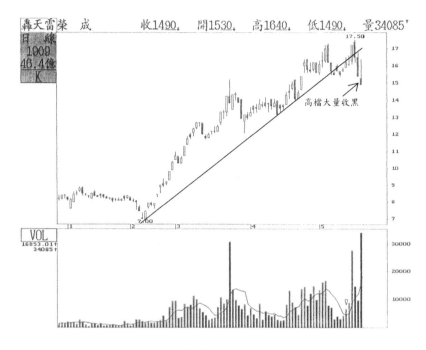

圖8-9A

進場做空理由：

1.股價自低點起漲已累積150%的漲幅，加上原始上升趨勢線遭
跌破，顯見股價已經累積了相當大的拉回壓力。

2.高檔處出現單日最大成交量，伴隨K線留長上影線並收黑，為
明顯的出貨訊號。

進入下一頁前，試著自己也做判斷，是否認同前述的分析？

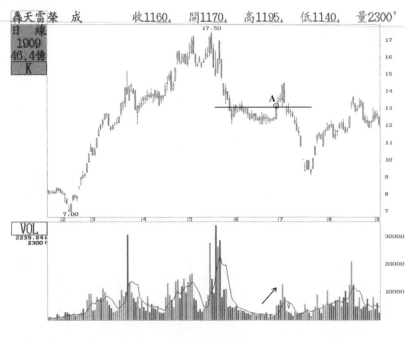

圖8-9B

空單出場理由：

1.股價如預期般拉回，初步止跌後進行橫向的整理，此時量急縮。

2.在A處帶量攻過平盤區的單口最高收盤價，意味有反彈的機會故先行獲利回補。

交易評論：

1.在空單獲利的過程中，若行情有可能出現較大幅度的反彈，則有必要先行回補出場，等到再一次的轉弱訊號出現時，仍可隨時再次切入做空，為的是保持較大的操作彈性。

圖8-10A

進場做多理由：

1.股價收盤創新高價，顯示在整理過後已醞釀再攻一波的實力。

2.雖然股價距離起漲區已遠，但在設定好停損價保護的情況下，仍可放手一搏，設停損於突破的當日低點A。

在進入下一頁前，試著自己也做判斷，是否認同前述的分析？

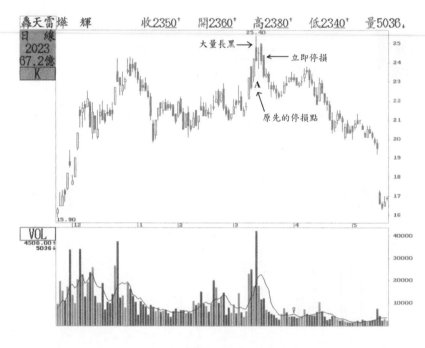

圖8-10B

多單出場理由：

1.在突破買進後的隔日，開高走低留下帶近期最大成交量的黑K棒，在已累積相當漲幅的背景下，此為非常負面的訊息，至少有短期止漲的意味。

2.在這種負面訊息出現，交易優勢不再的情況下，立即出場在成本價附近。

交易評論：

1.保持交易及判斷的彈性是非常重要的一環，如此才能做出客觀的判斷。

2.當負面訊號出現後，雖還未觸及停損價，但能依情的勢演變即

時改變策略，是該筆交易的成功之處，**雖然以虧損手續費出場，**但決策過程中沒有瑕疵，再看後續下跌的走勢，就更顯得最初的停損是正確的了。

為配合版面編排次序
本頁刻意留白

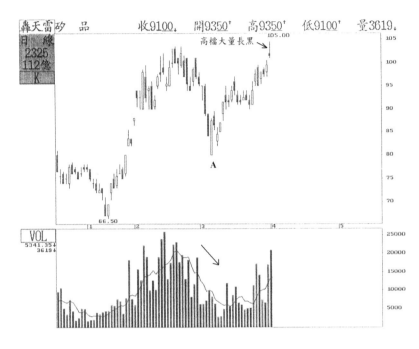

圖8-11A

進場做空理由：

1.以A點處起漲的這波攻勢，量能潮要比前波來得薄弱，這種成交量水準很難持續推升股價。

2.在高檔區出現了本波的單日最大成交量，但卻留下了長上影線，並且K線收黑。

進入下一頁前，試著自己也做判斷，是否認同前述的分析？

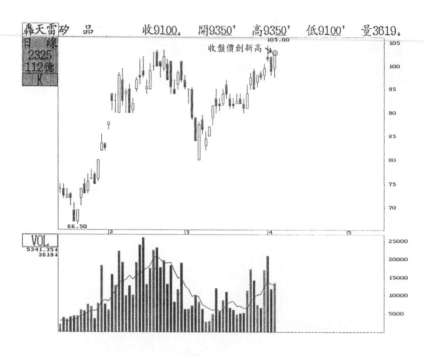

圖8-11B

空單出場理由：

1.就在爆量收黑的後兩日，藉著低量的反彈使得收盤價創本波段的高點，雖然量價呈現背離，但收盤價卻有能力創新高，為維持良好的交易紀律，乃停損出場。

交易評論：

1.雖然在有利的訊號下交易，但仍須注意隨時會出現的反轉訊號。

2.嚴格來論，這次交易的停損並非因為反轉訊號的出現，因為一次的低量反彈並不足以使其格局完全扭轉，但就策略上來說是對的，先行小幅停損出場仍保有隨時再進場的交易機會。

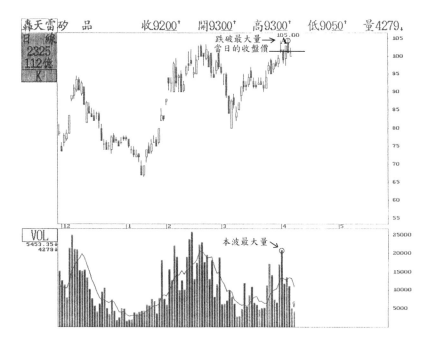

圖8-11C

進場做空理由：（續前次交易）

1.在收盤價創新高的隔日開高走低，最關鍵之處在於其收盤價又跌破了本波最大量當日的收盤價格，創新高後無法續強反而拉回跌破重要支撐，此可視為前次的突破失敗。

2.在累積相當的漲幅後，應會有較大的拉回走勢出現。

進入下一頁前，試著自己也做判斷，是否認同前述的分析？

圖8-11D

空單出場理由：

1.自高點起跌以來已出現近30%的跌幅，而於接近前波起漲區時出現帶量的長紅棒，在此可視為是初步止跌的訊號，為求獲利最大因此先行回補。

交易評論：

1.在前次的交易停損出場後，持續追蹤其後續的變化，而在新的轉弱訊號出現後再次進場交易，是整個操作過程中最困難之處。

2.在發生過一筆虧損的交易後，投資人通常都不願再追蹤其後續的發展，但只要客觀地追蹤再次進場，先前小幅的停損很快就能被彌補，並且反向獲利。

圖8-12A

進場做多理由：

1.股價出現V型的反轉，收盤價也創下了近期的新高，顯示有強勁的買盤正在積極地進場。

2.以突破當日的最低價A點為停損點，進場做多。

進入下一頁前，試著自己也做判斷，是否認同前述的分析？

圖8-12B

多單出場理由：

1.就在創近期高點後的第四日，股價跌回至停損點A之下，此為轉弱的訊息，此時再也沒有持有該多單的理由了。

交易評論：

1.事實上若以更客觀的態度來做進場前的評估，是不會做這筆交易的（也不會導致虧損），因為就在突破的上方不遠處，還有B區的套牢量有待攻克，是不利於多頭的暗示。

2.就在突破的隔日，大量不漲反而留下極長的上影線，當這種訊號出現在這類的非主流個股時，應該要持有較大的戒心，或許在尚未觸及停損時就可以先退場了。

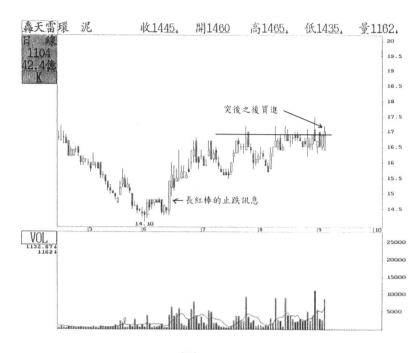

圖8-13A

進場做多理由：

1.兩個半月前曾經出現過帶量的長紅棒，代表股價已有短線止跌的意味。

2.股價突破後脫離兩個月以來的平台式整理區，在此視為攻擊發動的訊號。

進入下一頁前，試著自己也做判斷，是否認同前述的分析？

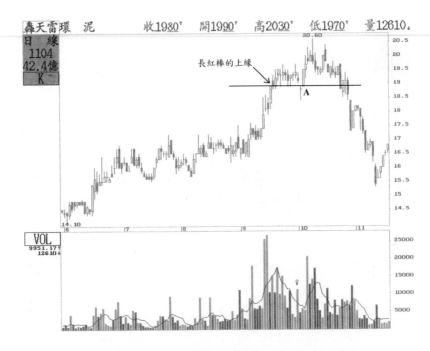

圖8-13B

多單出場理由：

1.上漲一成的空間後再次陷入整理，但在A點處同時跌破了長紅棒的上緣及整理區的下緣，這些至少是短線賣出的訊號了，尤其是這類並非是當時盤面中的主流股。

交易評論：

1.在操作這類的非主流股時，便不能期望有太多的波段利潤，因為人氣不足以持續支持股價的上漲，故宜以中、短線來看待。

2.雖然該筆交易最終只有10%的獲利，但客觀地評估進、出場的時機都正確，也算是一次及格的交易。

3.短線的交易並非全然都是錯的，要視當時的大盤背景所能提供的操作空間而定。

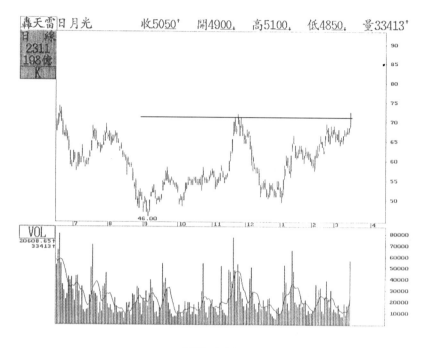

圖8-14A

進場做多理由：

1.在創收盤價的新高後，股價同時越過前波的高點，藉由這次帶量的突破做宣誓，一個大型且完整的底部已經成形。

2.這是十分強勁的買進訊號，設突破當日的最低價為停損點，多單進場。

進入下一頁前，試著自己也做判斷，是否認同前述的分析？

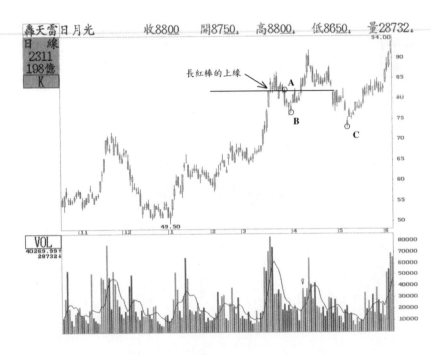

圖8-14B

多單出場理由：

1.股價如預期在突破後急漲，但在A點處，跌破了小型整理區的下緣及大量長紅棒的上緣，暗示著股價將進行整理。

交易評論：

1.雖然看好其後續的走勢（因為底部夠寬廣可以提供更大的動能），但在短線的賣出訊號發出時，積極型的交易者仍有先調節的必要。

2.若是長線的投資人，則必須忍受兩次回檔低點B、C的拉回壓力，持股信心不足反有可能賣在低點，反觀積極的操作在退場後仍可隨時再切入，但也有可能失去後續的漲幅，兩者各有利弊。

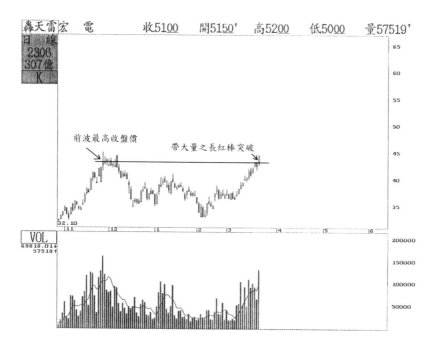

轟天雷宏　電　　　收5100　開5150'　高5200　低5000　量57519'

前波最高收盤價

帶大量之長紅棒突破

圖8-15A

進場做多理由：

1.經過長時間的整理，股價帶量突破前波的最高收盤價，為標準的起漲訊號。

2.突破前量能穩定續增，表示買盤強勁具有波段上漲的實力。

進入下一頁前，試著自己也做判斷，是否認同前述的分析？

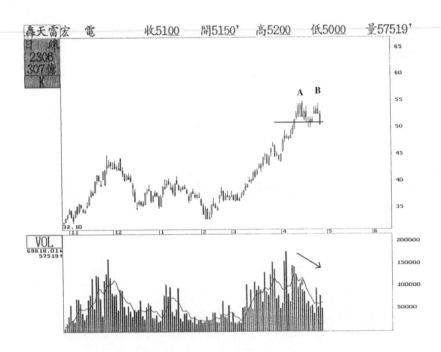

圖8-15B

多單出場理由：

1.比較A、B兩個峰位的成交量，顯然B峰的量能要比A峰薄弱許多，這是多頭續攻的警訊。

2.在跌破A峰回檔過程中的最低收盤價後，賣壓將會更進一步湧現，為保有原先的獲利乃先行賣出退場。

交易評論：

1.或許有人會認為為何不在A峰的高點時賣出？因為在當時根本就無從判斷那裏是本波段的高點，在跌破重要的支撐時，才是賣出的時機。

2.暫時性的退出是因為策略上的考量，並非全然的看壞後勢，等到有新的買進訊號出現，可以隨時再接回原來的部位。

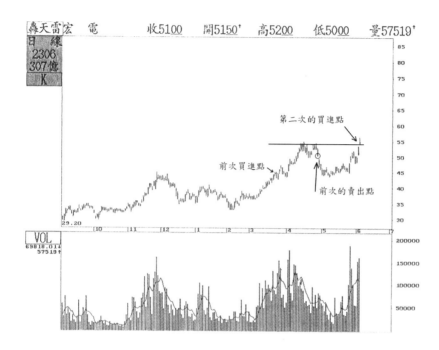

圖8-15C

進場做多理由：（續前次交易）

1.前波高峰出現後拉回整理一個月餘，藉由大量的再次推升，使得股價再創新高，並突破前波的最高收盤位置，顯示多頭再次掌握了主控權。

進入下一頁前，試著自己也做判斷，是否認同前述的分析？

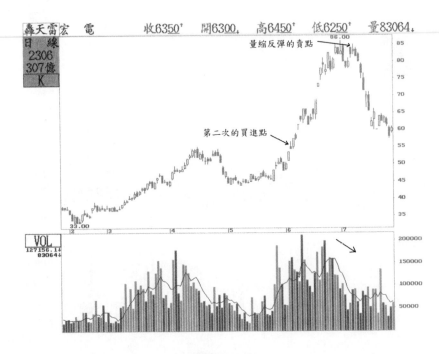

圖8-15D

多單出場理由：

1.在高檔出現了量價上的背離，暗示股價在短時間內急漲一段後，買盤顯得後繼無力，陷入整理或拉回的可能性極大。

2.加上一個月內已累積42％的漲幅，故這次的交易選擇積極地在量縮反彈處出場。

交易評論：

1.和前次交易一併比較，能夠在第二次買進時克服沒有差價（和第一次的賣出點相較）的心理弱點，是整筆交易中最困難之處。

2.能夠不貪婪的在高檔處藉由客觀的判斷選擇賣出，也是這筆交易中的成功之處。

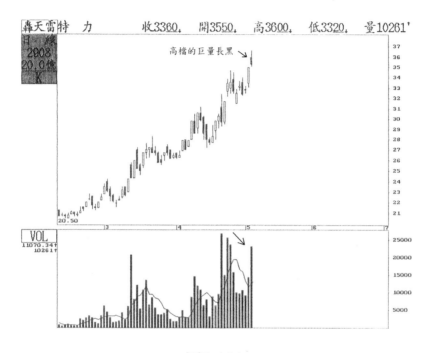

圖8-16A

進場做空理由：

1.在歷經近100%的漲幅後，在疑似的高檔區出現量價上的背離，買盤露出了疲態。

2.量價背離之後，出現一根帶量的長黑棒，更強烈的止漲訊號出現，遂以當日的最高點為停損價，進場做空。

進入下一頁前，試著自己也做判斷，是否認同前述的分析？

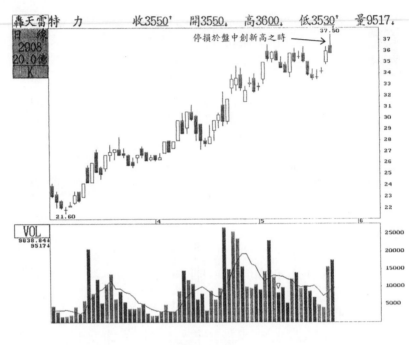

圖8-16B

空單出場理由：

1.做空後股價盤整約兩個星期，之後在出現長紅棒後的隔日，股價於盤中衝高，並且創下了波段新高價，在當時判斷當日的收盤價極有可能也創新高，故於盤中及時停損出場。

交易評論：

1.理想的空單進場時機為股價即將轉弱之時，而這次空單出手後股價仍震盪了兩週，這已經是不利於空頭的暗示。

2.盤中停損後，收盤反而收在當天的最低點，似乎是兩面挨耳光，但整筆交易中最大的敗筆是在於整個頭部尚未成形時就過早做空，尤其是這類籌碼較為容易控制的小型股。

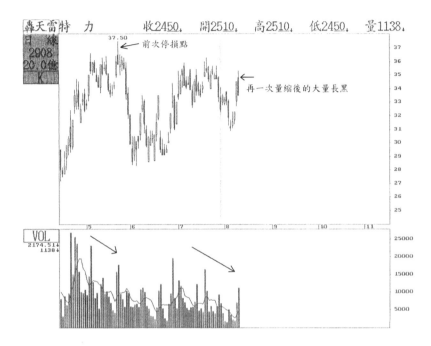

圖8-16C

進場做空理由：（續前次交易）

1.此為除權後的還原圖，同樣的，股價於高檔區出現嚴重的量價背離。

2.和前次相比較，目前整個潛在的頭部形態比較完整，這也代表著上檔的賣壓越來越沉重，新的空單處在比較有利的地位。

進入下一頁前，試著自己也做判斷，是否認同前述的分析？

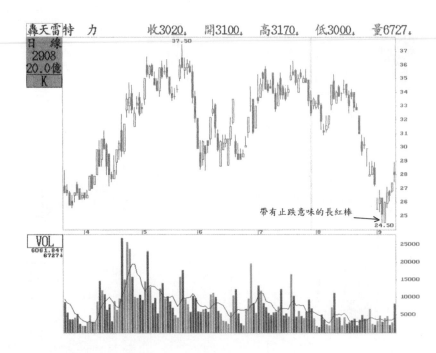

圖8-16D

空單出場理由：

1.顯然這次的空單比前次要順利多了，進場後的第八個交易日，
股價開始像沒有支撐般地下跌，這種走勢都不需要急著回補。

2.直至長紅棒出現後，加上短期已累積近25％的跌幅，出現反彈
的機率極大，故先行回補出場。

交易評論：

1.在正確的時刻做正確的事，是使得這兩筆交易總結仍是獲利的
最主要原因。

2. 第一次交易回補在接近最高點，其結果是虧損的，但策略上
並無瑕疵，而當訊號再次出現時，前次的虧損並不影響及客觀的
判斷，才有第二次交易的獲利。

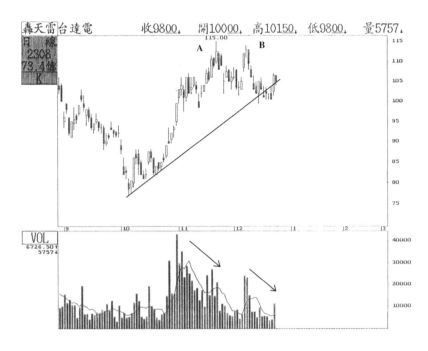

圖8-17A

進場做空理由：

1.股價的上漲速率減慢，高點A出現後，股價即呈現橫向運動，而高點B無法再創新高，量價也呈現背離。

2.原始的上升軌遭跌破後，開始等待其反彈的空點。

進入下一頁前，試著自己也做判斷，是否認同前述的分析？

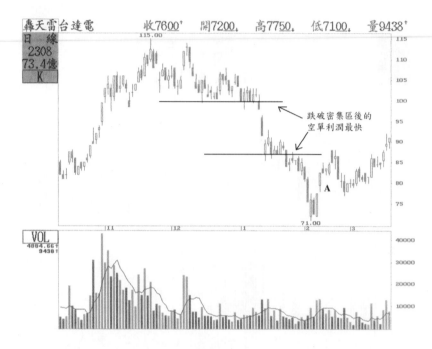

圖8-17B

空單出場理由：

1.跌勢分兩階段進行，尤其是在跌破重要支撐區後，跌勢最為猛烈迅速，此時要留意的是一個能夠扭轉格局的反轉訊號出現。

2.K線A出現了跳空的走勢，而在其前三個交易日中已出現了兩根長紅棒，股價也不再創新低，已具備止跌反彈的條件，故K線A當日的盤中即是一個合理的回補時點。

交易評論：

1.該筆交易的進場，是幾乎等到頭部完全確立時才建立部位，這種比較保守，正規的做法也免去了空單在頭部震盪時所帶來的困擾及不安感。

2.出場回補於相對的低點，算是一筆合格、流暢的交易。

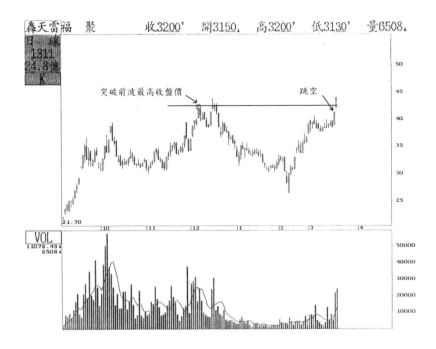

圖8-18A

進場做多理由：

1.藉由兩根帶量的長紅棒突破前波高點，顯示另一波攻勢即將展開的機率極大。

2.突破由跳空的方式越過，多頭的氣勢更為強烈。

進入下一頁前，試著自己也做判斷，是否認同前述的分析？

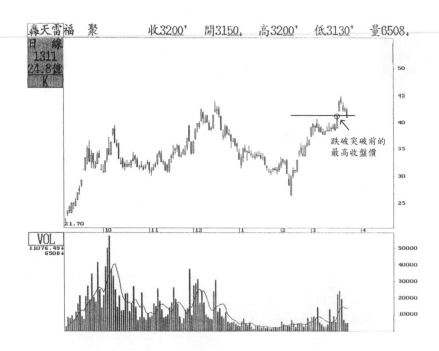

圖8-18B

多單出場理由：

1.股價並未如預期般上漲，甚至跌破了突破當天的最低價。

2.就在突破後的第四個交易日，又跌破了突破前的最高收盤價（原先設定的停損價），至此也是多單出場的訊號了，當時判定若股價將走強則不應拉回至突破點之下。

交易評論：

1.雖然是虧損出場，但交易決策都很客觀地執行，因此所帶來的虧損幅度也不大。

2.任何多麼有把握的交易都有可能出現逆向的走勢，這也說明了停損策略的重要性，停損所代表的是暫時性的退出，而且也保有再次介入的機會。

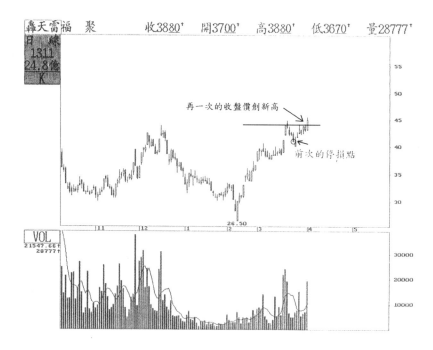

圖8-18C

進場做多理由：（續前次交易）
1.股價在歷經了回檔過程後，再一次突破原先的高點。
2.即然股價在跌破關鍵價位（前次所設的停損點）後還能再創新高，那麼新進的買盤必然十分強勁，賣壓也相對不重才能再創新高，再次切入做多的時機出現。

進入下一頁前，試著自己也做判斷，是否認同前述的分析？

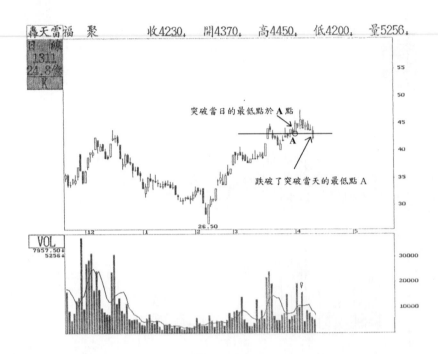

收4230， 開4370， 高4450， 低4200， 量5256，

突破當日的最低點於 A 點

跌破了突破當天的最低點 A

圖8-18D

多單出場理由：

1.股價雖然再次做了突破，但隨即又跌回至突破點之下，而當跌破原突破當日的最低點時，又再一次地觸及所設的停損價，直覺地且機械性的停損出場。

交易評論：

1.這已經是同一筆交易中連續第二次的停損出場了，尤其在後續的走勢中又證明第一次的停損是錯的，但在停損被觸及時，所應採取的策略就是出場，不應以事後的結果來下對與錯的定論。

2.合理的虧損都是可以接受的，重點在於理由及策略正確與否，而不再於結果，兩次交易合計約虧損9%，是合理的損失幅度，也是交易中不可避免的過程。

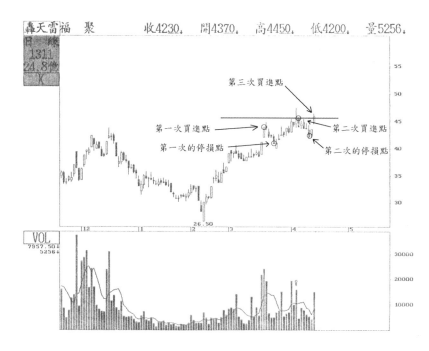

圖8-18E

進場做多理由：（續前次交易）

1.由本圖觀之，第二次的停損又是停損在回檔的低點，連續兩次被洗盤出場或多或少都會影響再度進場交易的意願。

2.但股價在短時間的回檔後（第二次停損處），又再一次地創新高，並且是藉由跳空的方式完成，如此一來買進的理由又再次出現。

進入下一頁前，試著自己也做判斷，是否認同前述的分析？

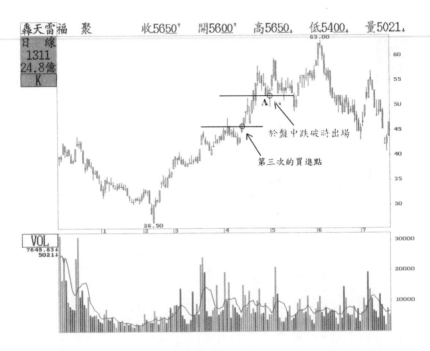

圖8-18F

多單出場理由：

1.在這次的突破後，股價終於直接衝高而不再出現較深的回檔，使得獲利可以持續。

2.隨後股價在A處，盤中即跌破了本次拉回的最低收盤價（所設定的停損點），為保護原有的獲利乃先行出場。

交易評論：

1.事後觀之，第三次的出場也是在回檔的低點處賣出，顯見該股走勢的活潑及操作的難度，總結三次的交易仍是虧損的結果。

2.雖然藉由良好的策略可以使風險侷限在合理的範圍內，並提升操作的績效，但若再搭配選擇股性較適用於策略的標的，則績效將更為提升。

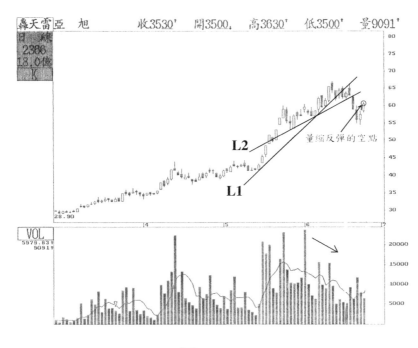

圖8-19A

進場做空理由：

1.股價分別跌破了L1及L2兩條上升軌道，暗示了股價軌道的改變。

2.尤其在跌破L1之前曾出現量價上的背離，而攢破L2後又出現了兩根長黑棒，於是選擇在破線之後的反彈處進場做空。

進入下一頁前，試著自己也做判斷，是否認同前述的分析？

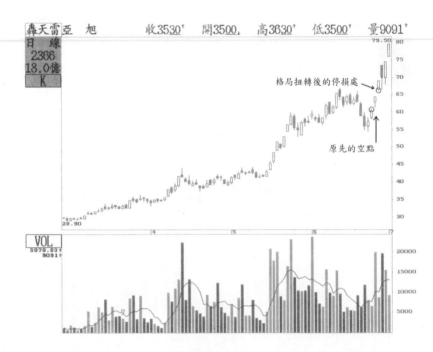

圖8-19B

空單出場理由：

1.進場後的隔日，以跳空方式開盤，並以近期的最大量將股價往上推升，收盤並收在最高，而盤中未立即停損的原因是希望能等到收盤，再看是否為有效的攻擊。（是否收在壓力價之上）

2.而當天收盤收在高點就幾乎是註定這筆交易要帶著虧損出場了，隔日再度跳空開盤，就是更為明確的回補訊號了。

交易評論：

1.交易的敗筆在於進場的決策，一來是股價所累積的漲幅不夠大，二來是頭部形態不夠明確寬廣，因此空單的進場顯得草率。

2.所幸藉由停損的執行並未使得損失再擴大。每當進場理由顯得有些一廂情願或過於草率時，總是以虧損出場。

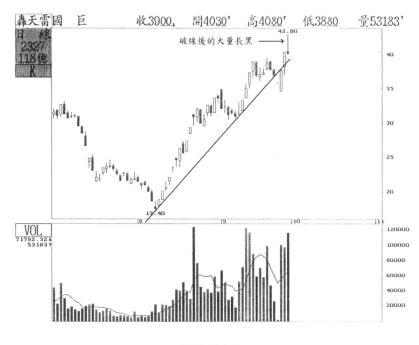

圖8-20A

進場做空理由：

1.股價在兩個月內累積130%的漲幅後，跌破了原始上升趨勢線，顯示多頭的動能已減退。

2.接著於高檔處伴隨著大量留下了長上影線的黑棒，更增加了至少是短線止漲的可能性，這兩項都是空單應該進場的理由，並將停損設於波段的最高點處，以防止被震盪洗盤出場。

進入下一頁前，試著自己也做判斷，是否認同前述的分析？

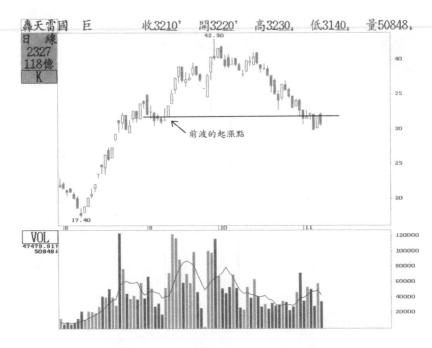

圖8-20B

空單出場理由：

1.股價橫盤約兩星期後才起跌，而起跌前的小幅度獲利是最難以克服的慾望。

2.直至下跌約三成後，觸及了前波的起漲區，在下跌過程中沒有出現明顯反彈的情形下，此處是最有可能出現反彈之處，故先行回補出場。

交易評論：

1.如果在正式起跌前就因為小幅度的獲利而出場，因而失去起跌後的快速利潤，將會是最遺憾的事，就個人而言，**這種感覺會比虧損的交易更加令人沮喪，因為該得到的利潤卻沒有放進口袋裡。**

2.該筆交易的回補屬於較為積極性的出場，事實上應該要留下一半的部位，避免股價直接再下探，造成潛在利潤縮水所帶來的遺憾。

國家圖書館出版品預行編目資料

多空交易日誌=Bull & bear trading diary/邱逸愷 著.
—初版·—台北縣：雅書堂文化：民91
面；　　公分·—（實戰系列：1）
ISBN：086 7948 13 0（精裝）

1.證券 2.投資-分析

563.53　　　　　　　　　　　　　　　89002767

實戰系列1

多空交易日誌

作者：邱逸愷
E-mail:ronny886@ms37.hinet.net
出版發行／雅書堂文化事業有限公司
地址／台北縣板橋市板新路206號3樓
郵政劃撥帳號／18225950
戶名／雅書堂文化事業有限公司
電話／（02）8952-4078　傳真／（02）8952-4084
電腦排版·製版／莫欣穎
封面設計／張楊坤

經銷商／朝日文化事業有限公司
地址／北縣中和市橋安街15巷1號7樓
電話／（02）2249-7714　傳真／（02）2249-8715
郵政劃撥帳號／19088440
戶名／朝日文化事業有限公司
二版一刷／91年2月
定價／580元
ISBN／986-7948-13-0（精裝）

讀者回函意見表

姓名：_____　　男□　　女□　　年齡：_____

建議：_____

_____

_____

_____

_____

_____

_____

_____

歡迎讀者回函建言或探討股市行情。

傳真（02）2591-5170